综合农事中心
与农业生产托管实务

主 编 贾宝文
副主编 郭建忠 郑以宏 王宗国

西北工业大学出版社
西 安

图书在版编目(CIP)数据

综合农事中心与农业生产托管实务 / 贾宝文主编
. —西安：西北工业大学出版社，2021.8
ISBN 978-7-5612-7956-4

Ⅰ．①综… Ⅱ．①贾… Ⅲ．①农业机械-农业生产合作社-研究-中国 Ⅳ．①F321.42

中国版本图书馆CIP数据核字（2021）第178218号

ZONGHE NONGSHI ZHONGXIN YU NONGYE SHENGCHAN TUOGUAN SHIWU

综合农事中心与农业生产托管实务

责任编辑：胡莉巾	策划编辑：李 萌
责任校对：曹 江	装帧设计：李 飞

出版发行：西北工业大学出版社
通信地址：西安市友谊西路127号　　邮编：710072
电　　话：(029) 88491757，88493844
网　　址：www.nwpup.com
印 刷 者：西安浩轩印务有限公司
开　　本：787 mm×1 092 mm　　1/16
印　　张：9.625
字　　数：228千字
版　　次：2021年8月第1版　　2021年8月第1次印刷
定　　价：48.00元

如有印装问题请与出版社联系调换

《综合农事中心与农业生产托管实务》
编写成员

主 编：贾宝文
副主编：郭建忠 郑以宏 王宗国
编 者：丁加刚 于金山 王宗国 王德髙
　　　 冯向阳 刘 磊 孙建胜 李福杰
　　　 陈媛媛 罗振明 郑以宏 贾宝文
　　　 郭建忠 高 飞 曹文生 薛武堂

农业的根本出路在于机械化。

——毛泽东

山东是农业大省,素有"全国农业看山东"之说。我算了几个数字,你们的耕地占全国6%,淡水占全国1%,粮食产量占全国8%,肉类占全国9%,水果占全国12%,蔬菜占全国13%,水产占全国14%,花生占全国19%,农产品出口占全国24%,这反映了山东农业在全国的地位。

改革开放以来,山东创造了不少农村改革发展经验,贸工农一体化、农业产业化经营就出自诸城、潍坊,形成了"诸城模式""潍坊模式""寿光模式"。要充分发挥农业大省优势,打造乡村振兴的齐鲁样板。

——摘自2018年3月8日习近平总书记参加十三届全国人大一次会议山东代表团审议时的重要讲话

序

2018年3月,习近平总书记在参加十三届全国人大一次会议山东代表团审议时,充分肯定"山东创造了不少农村改革发展经验",并两次讲到"诸城模式""潍坊模式""寿光模式",这是对改革开放以来山东农业、农村工作的充分肯定,也是对山东工作的鞭策和激励,更蕴含着对山东发挥农业大省优势,为打造乡村振兴的齐鲁样板而不断创新的殷切期望。

发展壮大农业社会化服务,是新阶段提高农业劳动生产率、土地产出率和资源利用率的内在要求,也是农业、农村创新提升和探索的重点领域。在我国人多地少、小规模经营占主体地位的基本国情下,通过发展农业社会化服务,将先进技术、现代理念导入农业产业,是实现小农户与农业现代化有机衔接的必然选择。近几年来,在农户需求和政策支持下,我国农业社会化服务快速发展,以农机专业合作社为代表的各类社会化服务组织大量涌现,大大加快了农业的专业化、标准化、集约化进程,成为农业高质量发展的引领力量。着力解决农机合作社等社会化服务组织服务主体不强、服务功能不全、服务模式落后等问题,推进其转型升级意义重大。

"全程机械化综合农事服务中心"是农机专业合作社在服务转型升级过程中形成的一种创新形式,近几年来其在全国各地得到了迅猛发展。2019年,农业农村部农机化司在全国遴选、确定了70个"全程机械化+综合农事"服务中心典型案例,并将"全程机械化+综合农事"作为农机社会化服务的新业态、新模式、新主体在全国进行推广。这种创新服务组织,坚持市场需求导向,做强农机服务主业、做实农事服务,充分发挥农机装备优势,创新服务模式、优化服务机制、补齐服务短板、增强服务能力,服务链条向耕种管收、产地烘干、产后加工等"一条龙"农机作业服务延伸,向农资统购、技术示范、咨询培训、产品销售对接等"一站式"综合农事服务拓展,既实现了自身的发展壮大,又有效促进了农业节本增效和科技应用水平提升,为破解一家一户"怎么种地"难题、推动多种形式适度规模经营发展探索了有效实现方式。

我省[①]农机行业是最早引入探索"全程机械化综合农事服务中心"的省份之一。2018年11月,农业农村部等相关部门的领导为"高密市宏基全程机械化综合农事服务中心"举行了揭牌仪式,标志着我省农机专业合作社转型进入了"全程机械化综合农事服

---

① 指山东省,下同。编者注。

务中心"建设阶段。近年来,全省农机行业,特别是潍坊市围绕"全程机械化综合农事服务中心"建设,对服务主体培强、服务能力提升、服务内容完善、服务机制优化、服务模式创新等方面进行了大胆探索,取得了很好的成效。随着改革的不断深入,"全程机械化综合农事服务中心这种模式"也将不断得到完善和发展。

《综合农事中心与农业生产托管实务》一书是山东省潍坊市近年来在全程机械化综合农事服务中心建设与开展农业生产全程托管方面的经验总结。该书作者都是多年来从事农机化事业的管理工作者和实践操作者,他们大多直接参与了全程机械化综合农事服务中心建设,并开展了农业生产全程托管实践活动。该书较为系统地阐述了全程机械化综合农事服务中心的由来与发展、建设原则与功能定位、内部管理与流程再造,较为详细地介绍了全程机械化综合农事中心开展农业生产全程托管的主要做法,对全程机械化综合农事服务中心建设过程中可能遇到的难点进行了有针对性的解答,同时还选编了一部分典型案例和政策介绍。该书融理论性、政策性与实用性为一体,具有通俗易懂、实用性强的特点,可作为广大农业农村管理人员及基层新型农业经营和服务主体负责人提高业务水平的参考资料。

由于全程机械化综合农事服务中心是农机行业的一个新生事物,在理论和实践方面有些问题尚待进一步探讨,因而书中不足之处在所难免,受作者之托,恳请广大读者予以指正。

卜祥联:山东省农业农村厅党组副书记、副厅长
2021年4月

前 言

综合农事服务中心是农机专业合作社等农业社会化服务组织在服务转型升级过程中形成的一种创新组织形式，并在近几年全国各地的实践中展现了强大的生命力。明确其概念和功能定位、建设规范，并探讨其规范发展意义重大。

农业生产托管是综合农事服务中心的基本服务模式，综合农事服务中心在开展农业生产过程中，如何规划托管流程、如何搞好内部管理、如何开展生产和技术全程管理、如何实现末端农产品的增值服务，以及如何推进小农户与现代农业的有机衔接，这一系列问题都是农机专业合作社等服务组织的管理人员迫切需要学习和了解的内容。

本书在编写时力求通俗易懂，简明扼要，以实务操作和案例分析为核心，注重具体操作。本书主要介绍综合农事服务中心的概念及功能定位，农业生产托管的概念和案例分析，综合农事服务中心的内部管理、成本与价值提升管理，高效栽培技术与数字管理在生产中的应用等方面的内容，可作为有关人员的培训教材和农机专业合作社经理人的参考书。

本书在编写过程中得到了有关农机专业合作社和潍坊市农业农村局领导徐明军、张乐洲、徐建平等同志的大力支持与帮助，在此一并表示感谢！

由于水平有限，书中难免存在疏漏和不足之处，敬请广大读者批评指正。

编 者
2021年4月

目　录

绪言 …………………………………………………………………………………… 001

第一章　全程机械化综合农事服务中心概论 ………………………………………… 003

　　第一节　全程机械化综合农事服务中心的概念和特征 ……………………… 003
　　第二节　农机合作社的发展与综合农事服务中心的兴起 …………………… 005
　　第三节　综合农事服务中心的发展类型与功能定位 ………………………… 008
　　第四节　综合农事服务中心建设的基本要求 ………………………………… 011
　　第五节　推进综合农事服务中心建设的意义、存在的问题、基本思路
　　　　　　及建议措施 ……………………………………………………………… 013

第二章　农业生产托管及其案例分析 ………………………………………………… 019

　　第一节　农业生产托管 …………………………………………………………… 019
　　第二节　农业生产托管的主要服务模式及作用 ……………………………… 020
　　第三节　农业生产托管的主要盈利模式 ……………………………………… 023
　　第四节　潍坊绿野全程托管模式分析 ………………………………………… 024
　　第五节　潍坊宏基关键环节综合托管模式分析 ……………………………… 029

第三章　村土地股份合作社的建立、运营与管理 …………………………………… 034

　　第一节　村土地股份合作社的概念、特征和基本类型 ……………………… 034
　　第二节　村土地股份合作社建立的基本程序 ………………………………… 035
　　第三节　村土地股份合作社章程制定、股份构成以及经营形式和分配办法 …… 040
　　第四节　村土地股份合作社的组织机构及管理要求 ………………………… 042
　　第五节　村土地股份合作社农业生产现场管理 ……………………………… 043
　　第六节　村土地股份合作社主要业务会计处理实务 ………………………… 044

第四章　综合农事服务中心内部管理与流程再造 ……… 048
第一节　组织建设与管理 …………………………… 048
第二节　机务管理 …………………………………… 054
第三节　农业生产全程托管管理 …………………… 060
第四节　财务会计管理与实务 ……………………… 071

第五章　综合农事服务中心成本管控与价值提升 ……… 085
第一节　成本与费用管控 …………………………… 085
第二节　综合农事服务中心业务拓展与增收 ……… 089
第三节　产业链延伸与价值提升 …………………… 091

第六章　高效栽培技术与机具及数字管理技术在综合农事服务中心的应用 … 097
第一节　小麦规模化高产栽培技术与机具 ………… 097
第二节　玉米规模化高产栽培技术与机具 ………… 107
第三节　智慧农场管理平台在农业生产托管中的应用 … 115

附录一　现金管理及开支审批制度 …………………… 118

附录二　农业投入品采购制度 ………………………… 119

附录三　作业人员聘任合同（样本） ………………… 120

附录四　农业生产全程托管合作服务协议（样本） … 123

附录五　种子采购合同（样本） ……………………… 127

附录六　农民专业合作社税收优惠政策综述 ………… 129

附录七　烘干机（塔）房建设工作指引（试行） …… 133

附录八　农机具库棚建设工作指引（试行） ………… 137

附录九　自然资源部、农业农村部关于设施农业用地管理有关问题的通知 … 140

主要参考文献 …………………………………………… 141

绪 言

保障国家粮食安全是必须长期坚持的基本方针。要保障国家粮食安全，必须解决资源环境约束矛盾日益尖锐和小规模的分散经营与发展现代农业不相适应的问题，解决"谁来种地""怎么种地"的问题。

解决"谁来种地"的问题，应看到我国农业和农村的基本情况是家庭和农户仍然是经营的主体，同时随着农村劳动力的转移，原来各家各户自己经营的耕地有了集中的可能，越来越多的农产品的生产开始走向集约化、专业化、组织化和社会化，催生了新型经营主体的成长。农机专业合作社作为农业新型经营主体的重要组成部分，通过开展农机社会化服务，加强农机拥有者和使用者的紧密联系，扩大农机作业规模，提高农机利用率和经营效益，有效地解决了农机大规模作业与亿万农户小规模生产的矛盾。同时，推动其从拼资源、拼环境，单纯追求农产品产量的增长方式，转变到农业数量与质量效益并重的发展轨道上来，并逐渐成为现代化农业的重要组织者和实践者。

21世纪以来，随着农业社会化服务规模和领域不断扩大，我国以农机专业合作社为主体的农业社会化服务组织获得了快速发展。到2020年底，全国农业社会化服务组织达90万家，其中包括27万家以服务为主体的农民专业合作社、40万家以服务为主体的专业大户和7万多家以农机服务为主的农机专业合作社。服务和带动农户7 000万户，托管服务面积达16亿亩[①]次。总体来看，这些以农机专业合作社为代表的服务组织装备逐步优化，服务领域与能力不断拓展、提升，经营规模与经营效益显著增加，农机作业服务与公益性服务也显现出相得益彰的发展态势。然而，农机专业合作社在发展过程中也暴露出一些弱点，如"单打独斗"力量薄弱、机械装备缺门少类、耕种收单环节服务供给等，越来越难以满足广大农民及多种形式规模经营对全程机械化服务的现实需求。这种由不同主体提供的农机作业、农资供应等服务，既给生产环节集成配套、农机农艺融合带来难度，又增加了服务层级和生产成本。因此，依托有实力的农机专业合作社等服务组织升级建设"全程机械化综合农事服务中心"，为农户提供全程机械化作业、农资统购、培训咨询及储藏加工、产销对接、金融对接等产前、产中、产后"一站式"服务成为必然。为此，如何建设"全程机械化综合农事服务中心"，解决"谁来种地"的问

---

① 1亩=666.67m²。

题，成为需要探讨的新课题。

解决"怎么种地"的问题，应从我国基本国情、农情出发，通过农业经营体系的创新，加快探索如何在家庭承包经营基础上提高农业效率，进行规模化经营。马克思主义一个最基本的观点，就是生产关系一定要适应生产力的发展水平，上层建筑一定要适应经济基础。如果不重视这一规律，往往难以推动生产力的发展。新中国成立后，经过土地改革和建立农业合作社，生产力和生产关系越来越适应。广大农村在互助组的基础上，建立了以土地为中心、以农业生产为主要内容、以统一使用农机和其他生产资料及其劳动力为特征的农业生产合作社，推动了农业生产的恢复和发展。后来，特别是人民公社成立以后，由于单纯强调了统一集中，盲目地认为越大越好、越公越好，对内采取集中劳动的组织形式和平均主义的分配办法，挫伤了农民积极性；对外则画地为牢，限定生产要素的合理流动，在生产力水平尚不具备的基础上，人为调整生产关系，使农村经济发展受到严重阻碍。

党的十一届三中全会以来，为适应生产力要求，推行了家庭联产承包责任制，纠正了长期存在的管理高度集中和经营方式过分单调的弊端，使农民在集体经济中由单纯的劳动者变成既是生产者又是经营者，从而大大调动了农民的生产积极性，较好地发挥了劳动力和土地的潜力，促进了生产力的发展。但是，经过几十年的改革开放，我国已进入工业化中期和城市化快速发展期，农业生产力水平大幅提高，农业基础设施大大改善，而家庭分散经营所形成的天然缺点也日益凸显，显现出"小地块与大农机""小农户与大市场""高投入与低效益""高污染与低品质"的尴尬现状。从全国来看，2.3亿农户中经营耕地10亩以下的农户尚有2.1亿户，即使到2030年城镇化率达到75%，预计仍将有3.6亿人口生活在农村，农民人均也只有5亩耕地，小农生产方式成为我国农业发展需要长期面对的现实。在这样"超小规模"农业经营形态上实现乡村振兴战略的产业兴旺目标，必然要在发展土地集中型规模经营的同时，大力发展服务带动型规模经营，以服务规模化弥补经营细碎化的严重不足、避免经营风险集中，以生产机械化应对有效劳动力的日益短缺和用工成本的日益增加，以专业化技术服务推动农业新技术、新品种的推广应用，以高效化的共赢服务，提高产品附加值和综合效益，进而实现基于社会化服务的节本增效、提质增效，促进小农户和现代农业发展有机衔接。因此，推进土地的集中型规模经营，实现农业生产过程的专业化、标准化和集约化，就成为我们共同面对的课题。

本书着力于理论和实务相结合的方式，通过探讨农机专业合作社等农业社会化服务组织的内部管理升级和流程再造，推进全程机械化综合农事服务中心建设，并以其为主体，推动农业生产全程托管，带动小农户和现代农业发展有机衔接，为农业机械化发展和乡村振兴战略的实现贡献力量。

第一章　全程机械化综合农事服务中心概论

21世纪初以来，全国范围内农机专业合作社得到了快速发展，成为农业社会化服务的中坚力量。但是，随着农村经济形势的发展，农机专业合作社也由之前的快速发展进入了留强汰弱、完全竞争的新阶段。传统农机专业合作社在发展中存在的经营不规范、人员严重老化、服务内容单一、产业链不完整、效益不高的问题，充分暴露了出来，很多农机专业合作社面临转型或者被淘汰。

与此同时，随着乡村振兴规划的深入实施，农业生产、农村生活对"机器换人"、机械化服务的广度和深度要求越来越迫切，相关政府项目，如高标准农田建设、丘陵山地宜机化改造等项目的推进，使规模化、机械化作业条件加快改善。而零散的农机户、配套不齐的机械装备、耕种收单环节的服务供给，越来越难以适应多种形式规模经营对全程机械化服务的现实需求，同时农资供应、农产品加工等农事服务又分属不同服务主体，给生产环节集成配套、农机农艺融合带来了难度，增加了服务时间和生产成本。因此，依托有实力的农机专业合作社，将全程机械化服务与综合农事服务融合配套，建设"全程机械化综合农事服务中心"，为农户提供产前、产中、产后"一站式"综合服务成为必然选择。

第一节　全程机械化综合农事服务中心的概念和特征

一、全程机械化综合农事服务中心的概念

全程机械化综合农事服务中心（以下简称"综合农事服务中心"）是以农机社会化服务组织（包括农机专业合作社以及与其参股或者协作经营的农业服务组织或者农业服务企业等）为运营主体，以开展全程机械化作业、农副产品生产加工经营、农业生产资料服务为基本职能，以农业生产托管为基本服务模式的"三农"事务"一站式"解决平台。通俗地说，综合农事服务中心是农机专业合作社等新型农业社会化服务组织的功能升级。

综合农事服务中心是一个功能性名称，其组织表现形式可以是一家功能齐全的农机专业合作社，也可能是以一家农机专业合作社为主体，以利益连接为纽带，由企业、农民专业合作社或其他社会组织组成的，具有相互持股关系且功能互补的服务联合体。

二、综合农事服务中心的基本特征

与传统农机专业合作社相比,综合农事服务中心有了较大转变,显现以下新的特征。

(一)组织结构规模化

综合农事服务中心应是以组织结构规模较大的农机专业合作组织为主体,它可通过合作社合并、联合或者与其他组织相互参股等方式,不断增强组织实力,扩大服务规模,形成规模优势,以提升组织的整体竞争力。在服务重点上,由主要针对种植业机械化向农、林、牧、渔和加工业全面机械化转移;在服务方式上,由小规模、多批次的零散农机服务向实现系列化、全程式、综合性农事服务转移;在出资额、机械设备数量、社员数量、基础设施和整体服务能力等方面也都有质的飞跃。

(二)产业链条一体化

一方面综合农事服务中心通过延长产业链条,使其在服务内容上由原来单纯的耕、种、收、管等农机作业服务向农资统购统销,农产品加工、储藏、保鲜和统销服务转移,打通上下游产业链。在价值实现上由单纯的农机服务收入向服务收入与产品服务增值和成本节支增值转变。另一方面是在管理体制上,逐渐形成层级功能分工,形成与联合社、协会等的交叉组织关系,实现更高层次的功能扩展。上级组织重点负责信息、教育、培训、协调等服务,下级组织主要负责具体的基础服务,形成不同功能分层的立体组织。

(三)治理结构公司化

综合农事服务中心的规模逐步扩大,原有农机专业合作社成员共同管理的体制已不能完全满足其发展和管理的需要。因此,综合农事服务中心应借鉴公司化的管理制度,按一个企业化公司的模式来组织管理活动,允许农机、农资、农产品加工等企业或组织,以功能入股,在经营管理上,可聘用职业经理人来管理,以全面提升内部管理水平。

(四)股金构成多样化

综合农事服务中心逐渐改变了原来平均成员股权的筹资方式,鼓励各类成员或有关企业、组织参股加入。建立起优先股、身份股和投资股等多种股权和不同分配形式。优先股优先并保证基础收益;投资股按股分红;身份股保留成员身份,按交易量分红。鼓励成员按交易量认购股本,股本较多的组织或成员可有附加表决权。这样可以在保证股份合作制特征的前提下,尽量满足事业发展对资金的需求。

(五)分配方式多元化

综合农事服务中心逐渐改变了原来主要按交易量(额)返利的简单分配政策,对股金入股的成员也可按不低于同期银行贷款利息的利率进行一次分配,实现按股分红与按交易量（额）返利相结合的办法进行分配。

第二节　农机合作社的发展与综合农事服务中心的兴起

一、我国农机专业合作社的发展历程

农机专业合作社是按照《中华人民共和国农民专业合作社法》《农民专业合作社登记管理条例》《农民专业合作社示范章程》等有关法律、法规制定章程，依法成立的以农机服务为主的农民专业合作社。农机专业合作社以服务成员为宗旨，遵循"入社自愿、退社自由"的原则，为成员和其他个人或团体提供农机及相关服务。我国农机专业合作社的发展历程大体可分为萌芽期、快速发展期和调整升级期三个阶段。

（一）农机专业合作社萌芽期（1984—2000）

党的十一届三中全会后，农村实行家庭联产承包责任制，随着市场经济的推进，农户非常需要有一个组织来为其提供生产经营中农机、技术、购销等方面的服务。新的需求催生了新的经营形式。一批农机户自由地结合起来，将零散的农机作业配合起来，各类作业队、股份合作制服务队应运而生，根据农民需求提供各种作业服务，增加收入。20世纪末，随着农民外出打工的兴起，农村种地形成了"386199"部队（指妇女、儿童和老人），劳动力严重缺乏，只能依靠机械化作业，特别是联合收获机跨区作业的兴起，使各类服务队、服务组织的规模和领域不断扩大，渐渐地把一家一户的小生产与农机大市场对接了起来，初步解决了机械大规模作业与小规模农户生产的矛盾，同时，又使农机经营者能够有组织地面向市场，开拓服务新领域，增加服务功能。到2000年底，全国农机化作业专业服务队、乡村农机服务组织达25.7万个。

（二）农机专业合作社快速发展期（2000—2019）

进入21世纪后，随着城市化进程的加快，国家强农惠农政策力度持续增强，农机跨区作业市场不断扩大，农机专业合作社得到快速发展，形成了哪里有农机化生产，哪里就有农机专业合作社的格局。2000年4月，原农业部出台了《联合收割机跨区作业管理暂行办法》，2003年6月又颁布了《联合收割机跨区作业管理办法》，规范了跨区作业市场，推动了跨区作业的发展。2004年国家施行了《中华人民共和国农业机械化促进法》，国家农机购置补贴等一系列强农惠农政策出台，国家对农机化投入快速增加，农机装备总量持续增长，农机作业水平快速提升，以农机专业合作社为代表的新型农机经营组织迅速壮大。2007年7月1日施行的《中华人民共和国农民专业合作社法》，使农机专业合作社进入了法制化发展的轨道。到2018年底，全国各类农机作业服务组织达19.2万个，农机专业户达440.9万个，其中，经市场监管部门注册的农机专业合作社达7.26万个，全年农机服务总收入达4 717.8亿元。

（三）农机专业合作社调整升级期（2019年至今）

2019年以来，随着乡村振兴战略的实施和农业市场化进程的加快，农机专业合作社的发展进入了调整升级期。由于国家农机补贴政策的实施，全国的农业机械数量猛增，主要作物农机服务无机械可用的局面基本解决，小麦跨区作业市场逐渐收缩，而玉米等作物的跨区作业市场由于受种植习惯影响，没有完全发展起来，大量的农机专业合作社收入锐减，并且由于农机专业合作社内部人员老化、管理落后等原因，农机专业合作社进入了调整期，部分合作社摘牌解散。

面对新的形势，各级农机部门和合作社带头人开始了艰难的探索。他们积极寻找新的增长点，响应国家农机化供给侧改革的需要，以自身供给侧的改革不断满足农业、农村和农民对农机化服务的新需求，将以农机作业服务为主的农机专业合作社向农业生产的综合服务组织转变，将以多环节的生产托管服务向全程式托管服务转变，走出了一条新的发展之路——"全程机械化+综合农事"服务。2017年，原农业部等3部委印发了《关于加快发展农业生产性服务业的指导意见》，要求"在粮棉油作业主产区，依托农机服务主体探索建设一批'全程机械化+综合农事'服务中心，为农户提供'一站式'田间服务"，从政策层面提出了建设全程机械化综合农事服务中心的要求。全国很多地方进行了不同的探索和尝试，山东潍坊、浙江宁波、上海松江等地都涌现出不少的典型。2018年7月，新修订的《中华人民共和国农民专业合作社法》开始施行，其中对农民专业合作社发展过程中的服务对象、成员出资以及附加表决权等内容进行了明确，为综合农事服务中心的发展扫清了障碍。2018年11月，农业农村部及山东省、潍坊市等相关部门的领导为"高密市宏基全程机械化综合农事服务中心"举行了揭牌仪式，标志着农机专业合作社进入了全程机械化综合农事服务中心建设阶段。2019年10月，农业农村部农机化司等单位又组织评选了全国第一批"全程机械化+综合农事"服务中心典型案例。2020年，四川、江苏、安徽等省相继出台了支持"全程机械化+综合农事"服务中心建设的政策措施，初步形成了全国支持建设全程机械化综合农事服务中心的良好氛围。

二、综合农事服务中心的兴起与发展

综合农事服务中心作为一种社会经济现象在全国农业（农机）系统的兴起和发展绝不是偶然的，它有着深刻的社会和经济根源。

（一）中央对现代农业发展的新要求，带动了综合农事服务中心的兴起和发展

近年来，中央和省委文件多次对发展农业（农机）社会化服务提出了明确要求和支持措施。2017年中央一号文件《中共中央 国务院关于深入推进农业供给侧结构性改革加快培育农业农村发展新动能的若干意见》提出，大力培育新型农业经营主体和服务主体，通过经营权流转、代耕代种、土地托管和股份合作等多种方式，加快发展土地流转型、服务带动型规模经营；扶持培育农机作业、农田灌排、统防统治和烘干仓储等经营

性服务组织；支持供销、农机等系统发挥为农服务综合平台作用。2018年中央一号文件《中共中央国务院关于实施乡村振兴战略的意见》再次指出，促进小农户和现代农业发展有机衔接，培育各类专业化市场化服务组织，推进农业生产全程社会化服务，帮助小农户节本增效。中共中央、国务院发布实施的《乡村振兴战略规划（2018—2022年）》要求，健全农业社会化服务体系，大力培育新型服务主体，加快发展"一站式"农业生产性服务业。中共中央公办厅、国务院办公厅印发的《关于加快构建政策体系培育新型农业经营主体的意见》，原农业部等3部委联合印发的《关于加快发展农业生产性服务业的指导意见》都出台了系列政策举措。这些决策部署为农机社会化服务提档升级指明了方向，提出了要求，也为建设全程机械化综合农事服务中心注入了力量，并为推进农机化供给侧结构性改革提供了新理念、新动能。

（二）农机专业合作社转型升级的内在需要，推动了综合农事服务中心的发展

近年来，在国家强农惠农政策的支持下，2019年，全国农机专业户超过424万个，乡村农机从业人员达4 676万人，农机作业服务组织达到19.2万个。其中，拥有农机原值50万元的服务组织数量达到5.67万个；农机专业合作社数量达到7.44万个，比上年增加0.18万个，入社成员数达到151.4万人（户）。在全国初步形成了以农机作业服务为主，以技术推广、农资供应、机具维修、产品加工、信息服务等为支撑，功能较为完善的农机社会化服务体系。农机作业服务组织装备精良化、全程化趋势明显，大马力拖拉机、大型联合收割机等先进适用的农业机械大都集中在农机专业合作社，其中有的还配备了高性能粮食烘干设备、农用植保无人机、粮食初加工设备等。同时，建有标准化的机库、维修间等基础设施，综合服务保障能力不断提升。2019年，全国农机社会化服务面积达16亿亩次，主要粮食产区农机专业合作社以30%的农机拥有量，承担和完成了全国60%以上的农机作业量，全国农机化经营服务总收入达到4 723亿元。农机专业合作社已发展成为农业生产的主力军。山东省共有8 000多家农机专业合作社开展了土地托管，总面积达到2 100万亩，全省农机专业合作社田间作业收入近60亿元。可以说，农机专业合作社的迅速发展为转型升级建设综合农事服务中心打下了雄厚的基础。

农机专业合作社在迅速发展的同时，也遇到了发展的瓶颈：一是服务内容单一、效益不高。局限于耕种收等传统作业服务，季节性强、竞争残酷、收费较低，发展严重受限，特别是随着小麦跨区作业市场的萎缩，部分合作社发展举步维艰。二是人员严重老化，工作人员和管理人员多在60岁以上，知识结构和能力严重受限。三是适应现代农业发展要求的管理机制没有建立起来。发展需要的场地、机械、办公用房和用地严重缺乏，稳定发展的基础非常薄弱。四是现代农业发展所需要的系列化服务、标准化服务、信息服务、农产品增值服务，由于资金、场地、人员、思想观念的制约，还没有建立起来。因此，站在乡村振兴战略和农业现代化发展全局的高度看，农机专业合作社提档升级成为必然。

（三）农业供给侧结构性改革的需要，促进了综合农事服务中心的建设与发展

随着工业化、城镇化进程加快，我国农村劳动力老龄化、兼业化加剧，农业生产请

工难、用工贵等问题突出，使农民对农机作业及相关服务产生了旺盛的需求。面对广大农民及多种形式规模经营对全程机械化服务的现实需求、由不同主体提供的单一服务，以及复杂的服务层级和高昂的生产成本，农机专业合作社等农业服务组织需要有效整合劳动力、装备、技术、人才等生产要素，不断创新服务模式，推动"谁来种地""怎么种地"问题的解决。因此，建设综合农事服务中心，通过提供经济便捷的耕种收管等全程机械化托管服务，与一定区域农户建立信任关系、形成服务"黏性"，以规模化服务和标准化生产方式，大幅度降低作业成本，通过批量农资采购、批量产品销售来提高合作社的议价空间，帮助农民省心、省钱、增收，使其在不增加经营风险的前提下获得综合效益，成为适应农业供给侧结构性改革的现实需要。

总的来看，建设综合农事服务中心，中央有明确要求、农民有旺盛需求、装备能力有扎实基础、服务模式有成功探索、政策支持也有新的加强，今后一个时期必将迎来重要的发展机遇期。

第三节 综合农事服务中心的发展类型与功能定位

一、综合农事服务中心的发展类型

生产关系的变革必须与生产力相适应。山东省综合农事服务中心建设的实践证明，综合农事服务中心建设应与各地区特有的农村经济发展水平相匹配，逐渐形成与各自地域特点和经济结构相适应的不同类型。目前主要有以下几种类型。

（一）农机专业合作社与农村供销社相互参股整合型

这种综合农事服务中心主要是由具有一定发展规模的农机专业合作社和当地的供销社各自发挥自身优势，以相互参股或者共同出资成立控股公司的形式，将农机专业合作社的机械化生产和组织优势与供销社的农资产品供销优势相互整合，增加农产品购销和储藏加工业务而形成的。高密宏基农机专业合作社、高密邦农专业农机合作社就是通过与高密市供销社业务融合相互促进，提高其服务能力和水平，形成的全程机械化综合农事服务中心。2018年11月，全国首个全程机械化综合农事服务中心在高密宏基农机专业合作社揭牌成立，"宏基模式"被定为潍坊市全程机械化综合农事服务中心建设标准。

高密宏基农机专业合作社成立于2009年4月，注册资金1 015万元，成立之初主要以农机维修、农机作业服务和跨区作业为主，后来，又先后增加了新旧农机中介、农机销售、农机培训、无人机植保、政府性农机推广与应用等服务项目，但总体依然围绕农机的小圈子作文章。2014年后，随着跨区作业市场的萎缩，合作社效益徘徊不前，业务量缩减，社员凝聚力下降。面对新的形势，自2017年开始，合作社与高密市供销社合作成立了高密市宏基农业发展有限公司，投资2 600多万元建设了高标准的配套设施，建筑面积达到33 000平方米。其中20 000平方米用于经营农药、化肥、种子，并在全市开展连锁经营、物流配送；3 000平方米办公区用于开展农机作业对接、技术咨询、测土配方等服务，初步形成了农机作业与测土配方智能配肥、病虫害统防统治、粮食烘干储藏加工、农民培训、庄稼医院、涉农部门服务等服务功能于一体，由高密宏基农机专业合作社、高密市宏基农业发展有限公司、高密宏基驾驶员培训公司3家单位联合的功能互补的综合农事服务中心（联合体）。该中心成立后，通过"整村关键环节综合托管"方式，实现了对高密市咸家工业区全部24个村，3.2万亩土地"整镇托管"，产生了良好的经济和社会效益。2019年其成为全国70个"全程机械化+综合农事"服务中心典型案例之一。

（二）农资生产或者供销企业渗入农机专业合作社型

这种综合农事服务中心主要是由在当地有影响力的农资生产或者销售企业发起，参股或者牵头成立农机专业合作社而形成的，较好地实现了农资产品服务与农机作业服务的结合，打通了全程机械化与农资产品之间的服务壁垒。山东潍坊市峡山区忠信农机专业合作社与潍坊金丰公社农业服务有限公司合作、高密市新孚高农机合作社与孚高农资合作就是这种类型的代表。

潍坊市峡山区忠信农机专业合作社成立于2010年3月，注册资金238万元，成立之初主要以农机销售、维修、跨区作业和承担政府项目为主，功能单一，影响不大。2015年后，由于跨区作业等业务量的萎缩，合作社面临着转型。调查发现，在农业生产中存在农资产品质量价格不一、购买渠道混乱、农机服务与农艺要求不匹配、资金短缺和技术欠缺等问题。为此，从2017年组建峡山忠信病虫害无人机飞防队开始，逐步涉足土地流转规模化经营、生产资料供应、粮食全过程服务等内容。2019年，峡山区忠信农机专业合作社与潍坊金丰公社农业服务有限公司紧密联合，共同建成了"耕种管收农业生产托管全程社会化服务中心"（联合体）。目前，服务中心拥有常年聘用技术人员50多人，拥有农业机械设备169台（套），其中大型机械100多台，粮食烘干机1台，北斗自动驾驶系统10套。服务中心固定资产总额达470万元。2020年经营流转土地3 000亩，多环节生产托管20 000多亩，全程托管6 000多亩，全年作业服务面积达130 000亩以上，合作社实现经营收入1 200万元。

（三）涉农服务企业资本衍生型

这种综合农事服务中心主要是由农机、农资生产经销企业或者农产品加工、保鲜企业发起，以资本参股或者牵头成立农机作业公司或者农机专业合作社而形成的。这种综合农事服务类型为农产品加工企业找到了可靠、质量可控的农产品，为农机、农资生产经销企业找到了忠实客户，并为小户农民生产提供了系列化的综合服务，相互促进，融合发展。潍坊绿野农机专业合作社、山东沃华农业科技有限公司等就是这种类型的代表。

潍坊市绿野农机专业合作社由潍坊悍马农业装备有限公司牵头，于2014年成立，注册资金369万元，社员92人。合作社成立之初，主要以农机跨区作业、农机维修和农机销售为主，后又增加了政府项目承包业务，但一直没有大的突破，合作社影响力不大。2017年后，合作社中标潍坊市深松深翻作业政府项目20余万亩后，发现只有系列化、全程化服务才有出路。为此,合作社新增了农资供应、粮食代储等服务,并开展与种植大户合作种粮的业务,进而开始尝试全程托管业务。经过两年的摸索,取得了很好的效果。目前,合作社拥有占地面积3 200平方米的经营场所,大型机械60多台,相关配套机具达130多台(套)。初步形成了以农机跨区作业、农业生产全程托管、统防统治为主,以机具保管、农机维修为配套,以农资供应、粮食代储为附属内容的全程机械化综合农事服务中心。2020年,绿野农机专业合作社全程托管面积6 000多亩,多环节托管20 000多亩,年服务收入达602万元,合作社走上了良性发展的轨道。"绿野全程托管模式"成为潍坊市潍城区委重点推广的农业服务模式。

(四)农机专业合作社横向参股产业联合型

这种综合农事服务中心主要是以一家实力较强的农机专业合作社为基础,联合或者参股当地的农资供销公司、农产品保鲜加工企业,共同建设形成从农业产前服务、产中服务、产后加工为一体的新型服务组织。青州市南小王农机专业合作社、昌邑市柳疃青乡农民专业合作社联合社就是这种类型的代表。

(五)农机专业化服务公司提升型

这种综合农事服务中心主要是由具有较高专业化农机服务能力的农机作业公司(如无人机植保、土壤机械化修复等)或者农业种植公司(合作社),将相关联服务配套融合而形成的。山东潍坊创鸿农机专业合作社就是这种类型的代表。

二、综合农事服务中心的功能定位

(一)新农村科学种地的主角

综合农事服务中心依靠较为先进的设备和机械资源,大力开展农业生产托管,积极组织实施全程托管业务,将农业规模化生产作为其生产经营的主业,成为新农村科学种地的重要实践者。

(二)综合农事服务的提供者

综合农事服务中心在组织全程托管的同时,还提供大量的其他农业生产托管形式,并将农业生产全链条的服务纳入自己的业务范围,成为周边农户综合农事服务的提供者,可满足周边小农户多层次、多元化的需求。

(三)现代化农业技术的使用和推广者

综合农事服务中心在服务农业中,优先采用现代农业生产技术和高精尖农业机械,实施标准化、规模化和现代化生产,将现代农业技术、农机技术、生物技术等推广到农业生产中,成为农业高新技术的推广者。

（四）乡村振兴的引领者

综合农事服务中心通过其生产经营和服务推进农村的产业兴旺，推动农村的第一、二、三产业的融合，带动成员和农户增加收入，并提高其生活水平，为乡村振兴提供产业和资金支持。

第四节　综合农事服务中心建设的基本要求

一、综合农事服务中心建设的原则

综合农事服务中心建设的原则，应突出市场化原则并兼顾公益性服务，以构建科学的盈利模式，实现可持续发展为重点，兼顾社会服务的有效融入，体现公益性和服务性特点，把为农服务的宗旨落到实处，成为落实国家强农富农政策的重要载体。

综合农事服务中心建设应坚持规模适度、服务半径适宜、功能完备的原则，以农业生产托管服务为切入点，不断提升全程机械化综合服务能力和水平，最终把综合农事服务中心建成标准化、规模化、规范化的农业生产基地，农业新技术和农机新装备推广应用的试验田，农业新技术和农机、农技高端人才聚集的洼地，新型职业农民培育成长的摇篮，以及助力乡村振兴战略实施的平台。

二、综合农事服务中心建设的基本条件

农机专业合作社作为综合农事服务中心的主要组织形式，综合农事服务中心建设应以农机专业合作社规范提升为重点，应具备以下基本条件。

（一）运行机制良好

1. 依法登记并规范运行两年以上，有独立的银行账户，营业执照等证件齐全。
2. 根据服务组织实际情况制定章程，成员大会、理事会、监事会等组织机构健全，责权明确。
3. 按照内部规定实行民主管理、民主决策，成员权利、义务得到落实。
4. 有规范的财务管理制度、机务管理制度、社务公开制度、议事决策制度等内部规章制度，会议记录、作业合同、合作协议、账册凭证等各项档案资料齐全完备，成员手册完整，机具台账翔实。

（二）财务制度规范

1. 有明晰的产权制度，科学的盈余分配和利益联结机制，自觉接受业务主管部门对其财务会计工作的指导和监督。
2. 按照《农民专业合作社财务会计制度》等要求，设立会计机构，配备必要的会计人员，设置会计账簿，搞好会计核算，编制会计报表。

3. 为每个成员设立账户，准确记录成员的出资额，并量化为该成员的公积金份额，记录该成员与本组织的交易量（额）及盈余返还情况。提取公积金的服务组织，每年按照章程规定将公积金量化为每个成员的份额并记入成员账户。

4. 可分配盈余应按成员与服务组织的交易量（额）比例返还，返还总额比例不低于可分配盈余的60%。

5. 组织、编制年度财务报告、盈余分配方案或亏损处理方案、财务状况说明书，并经过监事会（执行监事）审核。按规定向成员公开有关财务信息并接受质询。

（三）建设规模较大

1. 有固定办公场所、服务设施和必要的办公设备，占地不少于8亩；有面积不少于1 000平方米，能存放大型机械的标准化库房（砖混结构或铁制钢架结构）；有专门的维修车间，具备独立的维修能力，技术条件达到原农业部农机化司编制的《农机专业合作社维修车间基本配置》规定要求。

2. 大型拖拉机、联合收割机保有量20台（套）以上，拖拉机的耕种收植保等配套机具40台（套）以上，具有提供信息化服务能力的设施设备。

（四）服务能力较强

年农机作业服务面积达到2万亩以上，年服务农户达到2 000户以上；能够以跨区作业、生产托管等有效形式，按照农机作业质量标准和机械化作业技术规范要求，开展机耕、机收、机播、植保、粮食烘干等农田作业服务及农机维修、农机培训、农资直供和农产品加工等综合农事服务。在促进农民土地使用权流转，农业生产托管，实现土地规模经营方面成效显著。

（五）综合效益较高

1. 纳入牌证管理的农机挂牌率、检验率及驾驶员持证率均达到100%，年内未发生重大农机安全责任事故。积极推广使用先进、适用、安全的农机化新机具、新技术。

2. 遵纪守法，诚信经营，享有良好的社会声誉。无生产或质量安全事故、行业通报批评、媒体曝光等不良记录。

3. 年经营服务总收入在500万元以上，成员增收明显，成员收入高于本县域内非成员农机户收入20%以上。

三、综合农事服务中心建设的主要内容

全程机械化综合农事服务中心建设应以农业生产全程托管为主要切入点，坚持规模适度、半径适宜、功能完备的原则，一般综合农事服务中心基础设施占地不少于8亩，并应具备以下基本功能。

（一）全程机械化作业服务、农机维修、农机保养和存放能力

全程机械化作业服务：配置先进适用农业机械，形成主流作物全程机械化作业服务能力，开展耕、种、收、植保、烘干等服务。农机维修：应具备维修资质，即"农机维修技术合格证"、维修人员资格及配套设施、设备和维修场地等，细则详见《农业机械维修管理规定》。农机保养、存放：为成员提供农机具统一保养、存放服务。

（二）农产品烘干、储存、保鲜、初加工、品牌升值和购销服务能力

配置适宜的粮食烘干设施和储存库，对接农产品加工、饲料生产、超市等企业开展农产品加工、保鲜、储存、品牌推广和销售服务，通过中心统一对外进行业务洽谈，提高议价能力，提高第一、二、三产业融合服务水平。

（三）农资直供和土壤检测实验服务能力

设置农资直供超市，主要提供农药、化肥、种子、饲料、农膜等直供服务。配置测土化验室，配备化验氮、磷、钾、pH值、有机质等土壤指标的仪器、设备。配备智能配肥机，能够为社员开展测土服务和智能配肥服务，节约化肥使用量，降低农业生产成本，提高使用效益，控制农业污染。设置庄稼医院，配备专业技术人员，提供技术咨询服务。

（四）信息化管理和服务能力

具有围绕农户生产经营决策需要，开展信息采集、分析、发布和服务能力。能够利用信息化技术构建信息化服务平台，以不断提升农机装备、作业生产、管理服务水平，提高内部管理水平。初步具有智能农机服务能力和智能技术农业技术服务能力。

（五）农机化公共服务承接能力

能够组织实施农机化培训，配置相应培训教室。具备重点农机化项目和农机化新机具、新技术的推广服务能力，能够承担农业和农机财政性项目能力。具备为农民开展科普宣传、土地流转、合作金融和产品购销等服务能力。

第五节 推进综合农事服务中心建设的意义、存在的问题、基本思路及建议措施

一、推进综合农事服务中心建设的意义

（一）推进综合农事服务中心建设是完善农业生产经营体制的需要

随着城市化、工业化进程的加快，农村劳动力大量转移，农业生产对农业机械的依

赖越来越明显，农民对农机服务的需求也更加迫切。一方面，综合农事服务中心具有比较完善的服务功能，能够开展多领域、多层次、全方位的农业社会化服务，解决千家万户难以解决的生产经营难题，实现家庭经营向采用先进科技和生产手段转变，提高生产的集约化水平。另一方面，综合农事服务中心通过生产托管、股份合作、农资统购等形式开展规模经营，可以在不改变农户经营权的前提下，推动土地经营方式创新，实现小农户与现代农业的有效对接。

（二）推进综合农事服务中心建设是增强农业综合生产能力的有力举措

我国人多、地少，保障国家粮食安全，实现农产品有效供给的任务非常艰巨。建设综合农事服务中心，可以提高农机装备水平和使用效率，加快农业机械化的发展，增强农业物质技术基础，提高农业抵御风险的能力，还可以提高农业的组织化程度，增强农业社会化服务能力。通过综合农事服务中心，可以实现农业的规模化经营、标准化生产、社会化服务的有效统一，促进土地、劳动力、资金、技术、装备、人才、信息等生产要素的有效整合，推动农机农艺融合，加快农业科技的应用，提高农业生产集约化水平和组织化程度，有效提高土地产出率、劳动生产率和资源利用率。因此，建设综合农事服务中心，有利于实现生产要素和资源的合理配置，增强农业综合生产能力。

（三）推进综合农事服务中心建设是推进农业科技进步的重要力量

农业机械是农业科技大面积推广应用的主要手段和重要载体。综合农事服务中心相对于传统农机专业合作社具有较强的经济实力、技术条件和管理水平，组织化程度高，能够按照农业生产要求及时调整装备结构，开展新技术和新机具的引进、试验和示范。综合农事服务中心已经成为大型机具、高精尖机具和智能化机具应用的主力军。建设综合农事服务中心可以完善农业科技推广体系，促进农机农艺融合，降低农技推广的成本，加快农业新技术的推广应用步伐。

（四）推进综合农事服务中心建设是提升农机化水平的必然选择

随着国家农机购置补贴政策的实施，我国农业机械装备总量持续增长，农机作业水平不断提高。综合农事服务中心能够在做好农机社会化服务的同时，延伸拓展服务功能，有利于降低农机经营者和被服务农户的生产经营成本，提高农产品最终产品的议价能力，帮助小农户与大市场实现较好对接。同时，由于综合农事服务中心实现了对分散农业机械的很好组合、配合，对开展农机维修、农机培训和农机安全管理，以及较好地实现了对社员进行新机具和新技术推广，从总体上提高了农机化水平。

（五）推进综合农事服务中心建设是进一步增加农民收入的有效途径

在综合农事服务中心建设实践过程中，基层政府和合作社成员都深切地体会到这对农业和农村经济发展的促进作用。高密宏基农机专业合作社所在的山东高密咸家工业区是当地重要的工业生产区，附近农民大部分已进城打工，能够参与农业生产的人数非常少。建设宏基综合农事服务中心后，对全区3.2万亩农田进行了整建制生产托管，解决了农户的后顾之忧。入社社员由于农机作业量成倍增加，农机收入大幅度提高；被托管农户可以专心打工，收入也增加了，亩农业成本节约了200多元。

二、推进综合农事服务中心建设存在的问题

综合农事服务中心是新型农业生产经营组织的重要部分，是一个新生事物，在建设和推进过程中也存在不少的障碍和难题。

（一）资金投入和保险难题

长期以来，受农业弱势产业的影响，农业生产经营组织在资金筹措方面存在天然不足，而建设综合农事服务中心需要大幅度增加机械、设施和设备的投入，需要生产经营的周转资金。如果单靠自身积累，难以快速提高生产能力。在增加信贷额度支持方面，缺乏降低融资成本的财政政策性措施。在政策性保险补贴范围上，没有将农业生产大面积托管保险纳入保险范围，影响了保险覆盖面和风险抵抗能力。

（二）人才不足难题

当前，综合农事服务中心的管理人员和操作人员普遍是50岁以上的农民，人员年龄偏大，知识结构严重不适应现代农业发展的要求。

（三）内部管理落后难题

综合农事服务中心等农业生产经营组织多数是由农民自发组成的，受人员知识结构和能力所限，内部管理非常落后，管理不善、经营决策失误和分配不公导致的解散、破产时有发生。这与建设综合农事服务中心的要求严重不适应。

（四）政策配套不足难题

从税务政策来看，免征农机机耕和排灌服务营业税、免征农机作业和维修服务项目的企业所得税，受益范围太小；农机合作社、农机作业公司及相关企业等免征营业税或增值税的项目范围，在政策上未明确。从土地使用政策来看，综合农事服务中心等场库棚建设用地和粮食晾晒与烘干设施用地政策没有全部落实到位。没有相应的政策配套，要建设综合农事服务中心难以大范围推广。

（五）农田碎片化，基础设施配套不健全难题

农业生产托管过程中，通过村土地股份合作社（详见第三章）集中的耕地由于受长期分散经营影响，造成田块细碎，高低不平，沟渠纵横分隔，"牛进得去、铁牛进不去"；农田基础配套设施残缺不全，许多农田的路不通、水难引、井淤塞、电难用是基本现状，严重制约了农业生产能力的提高，而要进行综合整理和完善配套，则需要大量的资金投入，仅仅依靠村土地股份合作社和综合农事服务中心显然力不从心。

三、推进综合农事服务中心建设的基本思路

以更好满足农民高质量综合农事服务需求为目标，以现有农机合作社为基础，以组织创新、机制创新、管理创新为动力，以推进农机农艺农事融合、机械化信息化融合、农机服务与农业生产托管融合为重点，培育壮大综合农事服务中心队伍，推进综合农事服务向农业生产全过程、全产业和农村生态、农民生活服务领域延伸，优化创新链、扩大服务链、拓展产业链、提升价值链。经过一段时间的努力，基本形成总量适宜、布局合理、经济便捷、专业高效的区域综合农事服务中心，为农业农村现代化、乡村振兴战略的实施提供坚强支撑。

四、推进综合农事服务中心建设的建议措施

（一）加强综合农事服务中心的托管和服务能力建设

一要推动农机合作社等生产经营组织搞联合、上规模。要通过吸纳会员和增资扩股等方式，壮大农事服务中心实力，增加机械设备和股本股金，进而提高抗风险能力。要鼓励农机合作社等生产经营组织搞好互相联合和合并，增大农机资产和资本金实力。二要支持综合农事服务中心加大对办公场所、机械设备和基础设施的投入，特别是重点解决机械设备不成规模，不成系列问题，解决综合农事服务中心"半年闲、半年忙"问题。三要支持综合农事服务中心解决融资难问题，帮助其通过银行贷款、资产抵押贷款、融资租赁等方式解决周转资金不足、新上机械资金不足难题。四要鼓励农机、农资产销企业及其他社会资本与综合农事服务中心合作，共同开展农机作业、农资供应、农机维修、农机租赁、农产品加工服务，共享机具和市场资源，促进各类要素资源聚集整合、各类主体扬长补短，实现融合发展、协同发展、良性发展。

（二）提升综合农事服务中心的规范化管理水平

规范运行机制是推动农机专业合作社向综合农事服务中心转型的关键，要坚持"边发展边规范，以规范促发展"的原则，不断健全、完善综合农事服务中心的组织机构和管理体系。一是要加强组织管理。要制定完善发展规划，建立理事会、监事会会议规则和财务管理制度、盈余分配制度、绩效考核制度、生产管理制度等各项规章制度。健全完善内部组织机构，明确各机构职责范围，完善相应的薪酬体系和用人制度。进一步明确社员入社、退社和分配工作程序，做到职责明确、运作有序。二是要规范决策程序，强化内部管理。提高财务管理、机务管理、组织管理和生产管理水平，促进综合农事服务中心从松散型向紧密型过渡，增强自我管理、自我发展能力。三是要搞好内部分配制度的确立和执行。健全、完善内部成本单机核算，盈余分配制度的建立和落实，让成员充分享受到综合农事服务中心建设带来的利益。四是要积极推行农业生产全程托管服务。通过"社社联合""社企联合""社户联合"等形式，建立起"统一耕作、统一播种、统一水肥管理、统一病虫害防治、统一收获、统一加工销售"的多层次服务形式，提升盈利水平。

（三）提升全程机械化和综合农事服务水平

农业的产业化需要农机服务的产业化，零散作业、单打独斗的服务模式已严重跟不上时代的发展。综合农事服务中心要解决服务黏性差、服务客户不稳定的难题，就必须不断提升产业化水平。一是要由农业生产托管的单环节托管向多环节托管和全程托管转变，变多变客户为固定和半固定客户，增加服务内容，增强客户黏性，稳定收益。二是由粮食作物为主的耕、播、收服务向粮食作物全程服务转变，增加烘干、加工、贮藏和保鲜等服务，通过增加服务提升效益。三是变单纯农机服务为综合农事服务，由单纯的农机服务增加种子、化肥、农药和集团销售等农事服务内容，通过多产业整合丰富增收内容。四是变传统农机服务为智能化水平、信息化农机服务。通过加装智能化设备，提高传统农机服务的精准化和现代化水平。组织社会力量开发应用"综合农事服务中心（服务组织）管理"App，帮助综合农事服务中心通过信息化平台的建设，将零散的单机变为信息互联的信息化农机服务系统，更好地提高管理能力和农机利用效率。

（四）完善综合农事服务中心的政策支持机制

一是要加大项目资金支持力度，财政每年安排的农业生产发展资金、合作社发展资金、标准农田建设资金等资金要允许直接投向综合农事服务中心。政府和财政建设的农机类项目、农机作业类补助项目、农业技术培训等项目要重点向综合农事服务中心倾斜，帮助其快速发展。二是要认真落实中共中央办公厅、国务院办公厅《关于加快构建政策体系培育新型农业经营主体的意见》确定的财政税收、基础设施建设、金融信贷等各方面的相关政策措施。加大农机购置补贴政策支持力度，对包括综合农事服务中心在内的农机社会化服务组织购机应补尽补。针对融资难问题，建议推动大型农机具产权抵押贷款和生产服务订单融资；鼓励金融企业、农机产销企业单独或合作开展农机金融（融资）租赁业务，解决综合农事服务中心购置大型机械资金不足的问题，通过融资租赁方式获得的农机按规定享受农机购置补贴。针对用地难问题，应强化责任，推动落实国家关于农机场库棚建设用地政策；在适宜地区支持综合农事服务中心建设集中育秧、集中烘干、集中农机具存放等设施；创新基础设施建设机制，协调乡村基础规划布局、鼓励镇村出资建设集中烘干、维修等农机公共性服务设施，实行用地及设施所有权与实际使用权分离；落实综合农事服务中心用电优惠政策，综合农事服务中心在农产品加工中使用的电费要按农用电费标准收取。三是要搞好科技和人才支持。要支持农业事业单位和大专院校的科技人员到综合农事服务中心担任技术顾问和技术兼职。支持农机类大中专毕业生、管理人才、技术人才到综合农事服务中心工作和就业。进一步加强对综合农事服务中心经理、管理人员、技术人员和财务人员的培训。农业农村部组织的"阳光工程""农村劳动力技术就业"等农村劳动培训项目，要优先安排综合农事服务中心人员参加。四是要建立农田基础设施建设、使用和养护机制。为综合农事服务中心开展生产托管提供基础支持，建议国家从政策层面建立农田基础设施建设、管护机制。由县级成立1家政策性的"农业投资开发有限公司"，整合分属不同部门的土地出让金用于农业农村部分的资金、高标准农田建设资金、农业综合开发资金、农田水利建设资金等政策性资金，融入社会性资金。对经过村土地股份合作社整合后，形成一定规模的农田进行整体开发和配套完善农田基础设施。从土地平整入手，统一规划布局沟渠田林路，填平沟塘，拆闲拆旧拆废，集中资金建设桥、涵、闸、站、路等农田基础设施，解决长期以来灌排水系不畅、电力工程不配套、"道路不宜机"、"农田难用机"等问题，使配套完成后的农田基本实现集中连片、设施配套、高产稳产、生态良好、抗灾能力强的目标。建成后的农田基础设施应交综合农事服务中心等托管服务组织集中托管，签订维修养护和使用办法，确保其长期受益和长期发挥作用。五是要加强对综合农事服务中心工作的指导。各级政府应加强对综合农事服务中心的组织领导，研究制定综合农事服务中心发展规划和扶持政策；建立评定和表彰机制，促其发展。农业和农机部门要担负其"综合、协调、指导、扶持、服务"的职能，全力做好政策落实、项目支持、规范化建设和宣传培训，以及业务指导工作，共同搭建起支持综合农事服务中心发展的服务平台。

第二章 农业生产托管及其案例分析

在国家积极探索推进服务型规模经营,大力发展农业生产性服务业的新形势下,农业生产托管业已发展成为带动小农户进入现代农业发展轨道的新路径和好形式。各地也涌现出了不同的托管模式、盈利模式和服务模式。"土地托管""大田托管""服务托管"等不同的名称也应运而生。准确定位其概念、内涵和服务内容、盈利模式,通过规范发展、政策支持,实现其健康发展意义重大。

第一节 农业生产托管

一、农业生产托管的概念

农业生产托管是指农户等生产经营主体在不流转土地经营权的前提下,将农业生产过程中的耕、种、管、收、运等全部或者一部分生产作业环节委托给综合农事服务中心等生产性服务组织来完成的农业经营方式。通俗来说,农业生产托管是一种劳务外包行为,是指拥有土地经营权的农户或其他经营组织,将本应由自己完成的农业劳动,全部或者部分委托给受托服务组织,并向其支付一定的托管服务费用,而经营成果则归自己所有的一种经营形式。

二、农业生产托管的基本内涵

农业生产托管是农业生产性服务业中服务于农业生产和小规模农户的主要方式,规模化的农业生产托管是服务型规模经营的主要表现形式。基本内涵是按照市场化原则,以契约等形式,事先约定服务内容的托管服务。不管是"联耕联种""代耕代种""土地托管"或者"农业共营制",都是以服务组织提供的单个或者多个生产作业环节的生产性服务为基本内容,都是农业生产托管的不同表现形式。

三、农业生产托管产生与发展的内、外因素分析

农业生产托管的产生是经济社会发展内在作用的结果。一是由我国的国情决定的。我国户均经营耕地规模仅相当于欧盟国家的1/40、美国的1/400。"人均一亩半分地,户均不过十亩田"是我国许多地方农业现状的真实写照。这样的资源决定了我们国家不可

能都像欧美国家那样搞大规模的农业和大机械的作业。而小规模的生产模式必然造成我国农业的高成本、低效益，因而自己种地不合算成为一种普遍现象。所以说，我国多数地区都应通过健全农业社会化服务体系，来实现小规模农户与现代农业发展有机衔接。二是由我国农村的现状决定的。目前，我国农村普遍存在着青壮劳力外出打工，在农村种地的只剩下"386199部队"的现象。这部分人不能从事繁重的体力劳动，因而，种不了地成为一种现实，他们需要把自己干不了的活交给农业生产托管服务组织去干。三是由现代农业生产的要求所决定的。现代化的农业生产要求从种到管到收都必须用现代化的技术和机械来完成，传统的耕作方式，无论从成本上、品质上，还是产量上都无法同现代化农业的耕作相比，自己种"种不好""种得不符合要求"也成为现实。

首先，从外部情况来看，综合农事服务中心等农业生产服务组织在近几年得到了迅猛的发展，由他们来承担农业生产托管任务可以真正实现"专业的人做专业的事"。服务组织托管后集中采购种子、化肥、农药等农业生产资料，全面采用先进农业技术，发挥农业机械作业效力，并积极应用新品种、实行标准化生产，可以大幅度提高农产品产量和品质，从而实现农业节本增效。其次，作为被托管方的农民依然保持了其家庭经营的主体地位，自负盈亏、自担风险；综合农事服务中心等服务组织则可以从托管服务中收取费用，不需要支付土地流转费，同时通过社会化服务实现了资本、技术和管理等现代要素对传统农业的改造，是一种多赢模式。因此，农业生产托管在本质上就是让综合农事服务中心等社会化服务组织来帮助"种不了""种不好""自己种不合算""种得不符合要求"的农民种好地，是破解全面建设现代化农业、促进农民增收难题的有效途径。

第二节　农业生产托管的主要服务模式及作用

一、农业生产托管的主要服务模式

农业生产托管服务模式主要有以下几种。

（一）单环节托管

单环节托管是指农户与农业生产托管服务组织对小麦、玉米等作物种植的一个环节或者单项生产提供机械或者农资服务。山东沃华公司的葱苗集中育苗和单一机械定植就是这种服务模式。这种模式的优点是由专业的服务组织来办专业的事，有利于提高效率。但对农户来说，显得零散、单一，难以发挥集中效率。

（二）多环节托管

多环节托管是指根据农户意愿由综合农事服务中心等托管服务组织为其提供两个及以上机械作业或者农资项目的托管服务。具体内容是由托管服务组织提供集中育苗、机械播插、配方施肥、机械收获、烘干储存等10多项服务，供农户选择，每个项目的服务标准和服务价格，以合同形式约定，并明确违约责任。综合农事服务中心按合同要求为农户提供服务、组织生产。目前，绝大部分农机合作社采用的都是这种服务模式。这种模式的优点是农户能够享受菜单式多项农机、农资服务，自我选择和运营的空间较大，同时也有一定的议价空间。缺点是服务缺乏黏性，服务质量也参差不齐。由于不同的服务需要不同的单位或者组织来进行，条块分割，因此集中和规模效率和效益难以发挥出来。

（三）关键环节综合托管

关键环节综合托管是指农户与综合农事服务中心等托管服务组织达成农业生产关键环节综合托管协议，服务主体承包育种（苗）、播插、耕翻、整地、施肥、植保、收获等生产过程所需的机械作业全部关键环节，种植农户自身负责托管服务费、种子、化肥、农药及灌溉等少量作业和费用，农业收获全部归农户所有，但服务组织可以帮助农户烘干、储存、加工农产品并统一销售。高密宏基农机专业合作社的"整建制大田托管"采用的就是这种服务模式。这种模式的优点是服务组织为农户提供了全部关键环节的托管，农民省心省力，同时又有一定的自由空间且能享受部分规模优惠。缺点是一家一户的地界没有全部打破，部分作业项目仍然受规模的限制，规模化效益没有全部挖掘出来，同时服务组织受时间、人员及物料准备等因素的限制较多，服务组织综合效益难以实现，且由于服务组织只包服务不包结果，由此而产生的纠纷较多。

（四）全程托管

全程托管是指农户将全部农业生产业务全部委托给综合农事服务中心等服务主体或者村土地股份合作社（详见第三章）等运营主体，实现从种到收的全程托管经营管理。目前，全程托管主要有两种实际的运作模式，即货币返还型（保姆式全托管）和实物返还型。

1. 货币返还型。货币返还型是指综合农事服务中心等托管服务主体提供种子（种苗）、化肥、农药、农膜等农业生产资料的垫资服务，深耕、施肥、播种、铺膜、追肥、植保、中耕、灌溉等田间作业服务，以及农产品收获、加工、销售服务，扣除农资成本和服务费后的收益归农户，或者实行保底"收益+分红"模式，农户和村土地股份合作社有监督生产过程的权利，并承担天灾等自然风险。全部最终收获由服务组织以货币或者实物折价方式结算。潍坊市绿野农机专业合作社在潍坊的"整村全程托管"主要是这种模式。这种模式较好地解决了服务组织的规模化作业问题，规模化效益突出，且实行"保底+分红"模式，将服务组织与农户利益有效地结合，形成了风险共担、利益共享的关系，有利于托管服务组织提高服务质量并关注最终生产成果。缺点是农户的自由度相对较小，难以发挥个性。这种服务模式非常适合小麦、玉米、花生等大宗作物的种植生产。

2. 实物返还型。实物返还型是指农户需要向综合农事服务中心等托管服务主体支付托管服务费，综合农事服务中心等托管服务主体为其提供农资、田间作业管理及收获等全部服务，种植获得的农产品归农户所有，或者实行"保底+分红"的模式。多数约定保底产量，有的不约定产量。收获最终产品后，托管服务组织可以帮助农户统一进行销售、储存、加工。这种模式的优点是农户的自由度较大，种什么，怎么种，农户有决定权。收益不因农产品物价的波动而受影响，托管服务组织的收益也能够保证。缺点是农户需要先交托管服务费，服务组织对部分生产要素没有决定权，效率受到一定的制约。这种模式比较适合大田作物种植。

全程托管在生产实践过程中，相比其他的托管形式具有较多优势。主要体现在四个方面：一是全程托管经营模式要优于单环节托管、多环节托管以及"跨区作业"等服务模式，实现了全程式服务。近几年来，我国不少地方开展的生产托管主要以"单环节托管""多环节托管"和"跨区作业"等为主要模式，其服务内容主要为单一项目的生产环节服务，对被服务农户来讲，没有覆盖生产作业的全过程，只是起到了一定的辅助作用，农户仍需通过自己的劳作才能完成全部生产过程。而全程托管服务则把农户所有的生产作业过程和生产资料的供给全部包揽下来，农户无需劳作，可以放心从事第二、三产业，实现了由"阶段式"服务向"全程式"服务的拓展，优势非常明显。二是全程托管优于土地流转的经营模式，不改变土地的经营权属。全程托管经营模式与土地流转有很大的不同，土地流转偏重于经营权的改变和资源的整合，而全程托管经营模式则主要侧重于为农户提供社会化、专业化的服务。土地流转完成后，农户就失去了自己的经营权，种什么，怎么种，完全由经营者自己作主。而全程托管经营仅仅是托管服务，并没有改变土地经营的性质，对于主要的经营内容，农户还有一定话语权。三是全程托管服务的收益形式农户可以自主选择，不会因单方面的追求短期利益而竭泽而渔。全程托管服务的收益形式有实物返还型和货币返还型两种，农户可自主选择。其经营模式也是只有服务好了才能有收益，因此要健康发展，托管服务组织必须提高服务质量。而土地流转后，土地资源往往会被掠夺式经营，生态、环境都很难保证。四是全程托管有利于新理念、新技术、新品种的应用。由于实行全程托管服务，原来一家一户无法应用的技术和农艺都较好地解决了，新理念、新品种、新技术得到了广泛的应用，如农作物的统防统治、优质特色产品种植、水肥一体化技术、数字农场管理技术等都可以轻松实现。

二、农业生产托管的主要作用

农业生产托管作为一种新型的农业经营服务模式，在解决我国农村普遍存在的"种不了地"和"种不好地"等问题中发挥了重要的作用。

（一）农业生产托管服务将普通小农户引入了现代农业发展的轨道

以小农户为主的家庭经营比较适合我国国情、农情，具有持久的生命力。但随着现代农业加快发展、农业劳动力的减少和老龄化问题的日渐突出，普通小农户在生产经营过程中面临着许多新的问题，一家一户办不了、办不好、办起来不合算的事情越来越多。应发展农业生产托管，解决普通小农户在适应市场、应用新机具、新技术等方面的困难，逐步将一家一户小生产融入农业现代化的大生产中，构建起以家庭经营为基础的现代农业生产经营体系。

（二）农业生产托管推进了多种形式的农业适度规模经营

通过农业生产托管逐步扩大土地规模经营，是提高农业劳动生产率、实现农业规模经营的一条重要途径。让普通农户根据自身状况和需求，选择托管服务组织为其提供的专业化服务，既可以满足小农户参与生产、从事家庭经营的愿望，又可以通过统一的专业化服务连接千家万户，实现连片种植、规模饲养，形成服务型规模经营，让广大普通农户充分参与，分享规模经营带来的收益。

（三）农业生产托管促进了农业增效和农民增收

农业增效、农民增收是建设我国现代农业的重要任务。发展农业生产托管，通过综合农事服务中心等托管服务组织集中采购农业生产资料，积极推广标准化、专业化生产，充分发挥农业机械装备的作业能力和专业化服务的效率，有效降低农业生产的物化成本和生产作业成本，提高单位面积产量和农产品品质，提高农产品议价能力，有助于实现农业节本增产和增效，促进农民收入增加。

（四）农业生产托管成为建设现代农业的重要组成部分

将现代生产要素引入农业是建设现代农业的本质要求。发展农业生产托管，通过综合农事服务中心等托管服务组织以市场化方式将现代农业生产的要素有效导入农业，可以实现农户生产与现代生产要素的有机结合，推进转变农业发展方式、提升资源要素配置的效率，从而实现增强农业质量效益和竞争力。

（五）农业生产托管推进了农业绿色生产和可持续发展

农业的绿色发展是一项长期的战略任务。综合农事服务中心等专业化的农业生产托管服务组织技术装备先进，科学施肥、统防统治等绿色生产技术的应用推广能力强，可以有效解决部分小农户缺乏绿色防控病虫害和科学使用农资等先进技术的困难，实现农业绿色生产和可持续发展。

第三节 农业生产托管的主要盈利模式

在农业生产托管模式中，托管方、被托管方和监督运营方均可以实现较好的盈利，为这种新型农业经营方式提供了持续动力。

一、托管服务组织的主要盈利模式

对全程托管模式，通过整合土地等资源，采用现代农业生产管理和技术等手段，提高农业生产效率，降低农业生产成本，实现"三降三减三增"的目标。"三降"就是通过统一和规模采购来降低农资费用成本，通过连片规模作业来降低农机作业成本，通过专业的服务降低农民种地的劳务投入成本;"三减"就是通过精准使用绿色综合防控技术来减少农药用量、通过测土配方施肥技术和应用新型肥料来减少化肥使用量、通过收获、运输、烘干、储藏一体化管理来大幅度减少产量损失;"三增"就是通过良技、良种、良法、良田配套栽培技术应用来提高产量,通过规模化销售和订单生产来实现优质、优价,增加农民收入,通过集中连片作业打破地垄来增加耕地面积,托管服务组织可以从中获得收益。

对于半托管模式,托管服务组织通过提供集中机械化作业、农业技术管理等方面的服务,来赚取农机服务费用。

此外,在农机作业、高产创建等政府农业项目中托管服务组织可以获得政策性补贴,这也是综合农事服务中心等托管服务主体盈利的来源之一。

二、被托管农户(农场)的盈利模式

通过集中托管改善生产基础条件,规模化连片种植,在生产中大量采用新品种、新技术等现代生产手段来提高生产效率,降低生产成本,从而获取较高产量,实现增产增收。

通过享受农产品规模化的订单生产、标准化的技术管理、品牌化的市场营销,形成强大的品牌增值效应,通过拓展销售渠道、提升农产品的附加值,从而实现增值。

通过农业生资集中采购,获取批量优惠,进一步降低农资采购成本;通过统一销售,增强抵御市场波动风险的能力,实现农业增效。

同时,通过托管可以大幅度减少农户作业务工投入,增加外出务工的收入。

三、村土地股份合作社的盈利模式

对全程托管模式,建立以村土地股份合作社为主体的生产运营、监督和管理服务主体,通过集中连片管理来打破地垄限制,增加耕地面积,使土地股份合作社从中获得收益。同时,运营主体通过参与管理、监督、中介和水、电、路服务等内容,获得增值部分的"分红"收入。

第四节 潍坊绿野全程托管模式分析

一、"绿野模式"概述

潍坊市潍城区属暖温带季风气候类型,气候温和,雨量比较适宜,多为冲积平原,地势平坦。农业生产的特点为高投入、高产出,化肥施用量大,灌溉用水多,生产成本高。该区域农业机械拥有量大,农业生产机械化水平高,主要农作物生产在耕、种、收等方面实现了机械化,是典型的城市郊区农业发展类型;城郊农民以进城务工为其主要经济来源,农业生产以单户经营为主,土地经营规模小,农民依靠农业种植的收入占全部家庭收入的10%左右,农户对农业种植的关注度非常低。部分农户已全家进城,将土地转给亲友管理,农户自我提升农业种植水平的意愿较低。农业生产托管和规模流转已渐成趋势。

基于以上原因和基础,潍坊市绿野农机专业合作社顺势而为,形成了绿野全程托管模式(简称"绿野模式")。该模式的主要核心是构建以村土地股份合作社为主体的土地资源汇集中心,完成土地资源的集中;由农机专业合作社为基础构建全程机械化综合农事服务中心,并对村土地股份合作社集中的土地进行农业生产全程托管和运营;通过合同约定等方式实现农户、村土地股份合作社、农机专业合作社三者的利益联结,达到资源要素集中汇聚、效率效益稳定提高,从而实现农业绿色生产,农业可持续发展的目标。

二、模式路线

绿野全程托管模式的主要实现路线如图2-1所示。

图2-1 绿野全程托管模式的主要实现路线

三、全程托管主要步骤及要点

1. 农机专业合作社加快基础设施建设,扩大机具和机手合作规模,增加粮食烘干、储存,农资经营等服务内容,初步建立起全程机械化综合农事服务中心。

2. 在村两委基础较好的村,帮助成立村土地股份合作社,构建起村级托管的基本架构,号召农户以土地入股的形式加入村土地股份合作社,将土地资源集中起来,实现成方连片。条件较好的村可对水、路、电等进行配套升级。

3. 绿野农机专业合作社与村土地股份合作社协商签订农业生产全程托管协议,主要规定了如下内容:

(1)全程托管。对集中的农户土地进行耕、种、管、收、售等经营服务。规定在托管期绿野农机专业合作社与村土地股份合作社双方的投入内容和投入义务;规定双方的收益分配和有关监管流程,以及分配清算;规定双方的权利和责任;规定托管期限及托管费用交付时间;规定协议解除、变更以及违约责任等。

（2）监督管理。村土地股份合作社参与并负责对绿野农机专业合作社在托管运营期生产托管有关内容的监督管理。对于托管的重要内容，绿野农机专业合作社要与村土地股份合作社进行协商，并取得一致意见。

（3）订单种植。绿野农机专业合作社要在托管期内搞好对托管的产成品订单种植，并努力确保产出品取得较高收益。

（4）政策争取。村土地股份合作社与绿野农机专业合作社各自发挥职能作用，争取当地政府的各项支持，如土地深松、深翻项目，高标准农田建设项目等，为生产托管增加政策支持。

（5）风险防控。村土地股份合作社与绿野农机专业合作社共同做好托管期内有关生产、服务及自然灾害的防控，并明确各自安全责任。除国家农业政策保险外，给托管作物缴纳保险，附加商业险。

（6）利益分配机制。对入社农户：协议约定以地入股村土地股份合作社的农户实行保底（土地费800元/年）+分红制度，即全程托管经营的纯利润的50%归农户所有。对村土地股份合作社：将全程托管经营纯利润的20%归村土地股份合作社所有。对绿野农机专业合作社：将全程托管经营纯利润的30%归绿野农机专业合作社所有。

4. 搞好谋划运营，努力提高托管综合效益。一是加强内部成本管理，搞好流程再造工作。对托管的土地合理编制和划分管理单元，按单元配备合理的机械和管理人员，确保效率和能力最优。二是搞好投入品的成本管理。与有关农资生产和经销企业确立合作关系，以批量购买优势降低投入品采购成本，保证质量。三是搞好产成品的价值提升。与有关产成品收购企业确立合作关系，以批量销售优势提升产品价值，以产成品质量管控优势，提升产成品价值，以品牌优势提升产成品附加值。四是建立起专家咨询团队，并按标准化、专业化种植。聘请山东省农科院小麦研究所、潍坊市农业农村部门有关专家作为绿野农机专业合作社技术指导顾问，建立起先进的农机、农艺标准化生产流程，实行标准化、专业化种植。

5. 构建利益连接机制。绿野农机专业合作社通过建立健全内部分配机制，将合作社社员、管理人员、协作聘任人员按不同工作和劳务形态形成不同的分配办法。将成员按股权划分为优先股、身份股和发展股，并采取不同的分配办法，构建起合理的内部利益分配机制。村土地股份合作社通过建立健全内部分配管理机制。一是确保农户收益分配到位，不侵害农户利益。二是努力降低管理成本，将土地股份合作社构建成自我管理、自我协作的运营实体。通过利益连接机制的建立，实现多方共赢，达到经济效益、社会效益和生态效益的统一。

6. 构建金融支持体系。针对个别农户对加入村土地股份合作社收益受损的顾虑，解除农户入股村土地合作社的后顾之忧。绿野农机专业合作社引入山东省农业发展信贷担保有限责任公司为全程托管提供政策性担保贷款。以村土地股份合作社为主体申请"鲁担惠农贷"先行支付农户土地入股的保底收益。贷款发放后由绿野农机专业合作社承担贷款利息和担保费，不列入经营成本。年度农作物销售实现收入后优先偿还贷款本金，其次支付全程托管费用，剩余部分即超收部分由村土地股份合作社、农户和绿野农机专业合作社进行再分配。

四、"绿野模式"案例分析

潍坊绿野农机专业合作社自2018年秋季开始实行全程托管潍城区望留街道某村302亩农田种植。小麦季种植高强筋小麦济麦44号，玉米季种植粮饲兼用型玉米新品种伟科702号。在种植期间，严格按照农业专家的指导意见，以标准化农艺技术与新型机械化技术相配套组织管理，既提高了产量，又降低了成本，并且保证了农产品品质，整体效益显著。在小麦季，由于种植的是高强筋小麦，且批量销售，整体价格比市场价高0.1元/千克左右（见表2-1）。玉米季种植了粮饲兼用型玉米品种，2019年，在种植期遇到了百年一遇的台风灾害，部分玉米出现倒伏，造成减产，但由于保险公司给予了部分理赔，再加上绿野农机专业合作社后期及时改食用玉米为青贮饲料，有效降低了损失，整体效益基本没有受到影响（见表2-2和表2-3）。

表2-1 小麦季全程托管收入支出情况

	项目	单价/元	数量	金额	成本合计	平均每亩	小麦季利润
支出	犁地播种作业	90	302	27 180	180 069.7	596.26	760.74
	还田作业	25	302	7 550			
	镇压作业	5	302	1 510			
	耕地作业	25	302	7 550			
	小麦种子	250	57.57（袋）	14 392.5			
	复合肥1	120	146	17 520			
	复合肥2	120	156	18 720			
	小麦季浇水费	50	302	15 100			
	小麦保险费（2019年）	3.6	302	1 087.2			
	小麦灭草	20	302	6 040			
	小麦灭虫	10	302	3 020			
	小麦追肥	30	302	9 060			
	灌溉-反青水	50	302	15 100			
	小麦叶面肥增产剂	40	302	12 080			
	灌溉-灌浆水	50	302	15 100			
	小麦收割	30	302	9 060			
收入	项目	单价	数量	金额	收入合计	平均每亩	
	农支地保补贴	125	302	37 750	409 814	1 357.00	
	小麦销售收入	2.24	166 100（千克）	372 064			

注：土地面积单位为亩，金额单位为元。

表2-2 玉米季全程托管收入及支出情况

	项目	单价	数量	金额	成本合计	平均每亩	玉米季利润
支出	还田旋地	35	15.5	542.5	92 229.7	305.40	459.37
	玉米季保险费	3.6	302	1 087.2			
	玉米播种费	20	302	6 040			
	种子	45	302	13 590			
	化肥	120	302	36 240			
	增产灭虫剂	40	302	12 080			
	玉米季浇水费	50	302	15 100			
	灭草剂	25	302	7 550			
	项目	单价	数量	金额	收入合计	平均每亩	
收入	保险赔偿收入	64	295	18 880	230 958.79	764.76	
	青贮销售	270	785.477（吨）	212 078.79			

注：土地面积单位为亩，金额单位为元。

表2-3 2019年某村全程托管效益分配核算

		年收益分红/万元		
		农民分红	村土地合作社	绿野合作社
农户年土地保底利润/（元·亩）	800			
2019年总利润/（元·亩）	1 220.11			
扣除保底纯利润/（元·亩）	420.11	210.06	84.02	126.03
2019累计总利润/万元	12.69	6.34	2.54	3.8

从2019年绿野农机专业合作社对某村农业生产全程托管的情况来看，整体经济效益和社会效益显著。

1. 大幅度降低了种植成本，被托管农户受益。通过大规模机械化作业，提高了劳动效率，节约机械、人力等投入，降低了作业单价。节水节电：利用抢墒保墒播种法播种可节省保苗水、越冬水1~2遍，即节省50~100元/亩，并节省了有限的地下水资源。通过规模作业和规模采购，节省机械投入、农资投入成本70~120元/亩，实现节本增收。通过土地集中规划，提高种植农艺，实现增产80~120斤[①]/季，增收100~150元·亩$^{-1}$·季$^{-1}$。通过订单种植高强筋小麦，每亩地增收100~150元，通过订单粮饲兼用的品种，抵御因市场玉米价格波动造成的损失，每亩增收80~100元。从农户投入来看，托管后，不需投入其他人、财、物，在年终可获得总收益1 000元左右。相比

---

① 1斤=500克。

之前的自我种植、自我管理、自我销售来说，投资少（个人每亩投资600元以上），收益稳定且较高（个人经营每亩年度纯收益为800元左右），并且省去了浇水、植保以及自我联系和采购农资的人工投入成本，可以放心外出务工。

2. 村集体收入增加，助力乡村振兴。通过村土地股份合作社，实现分成收入和土地规模收益，为村集体增加了收入。以村土地股份合作社方式集中土地资源，较好地解决了农村土地经营权按政策分下去后，土地资源如何靠市场手段集中起来规模经营的难题。相比农户自我经营，仅增加的沟渠、便道、闲散地就可增加公用土地面积10%左右，加上村集体多年低价或超期出租难以收回的承包地实现了一并收回，既解决了多年难以解决的老大难问题，又增加了村集体的收入。再加上通过生产托管运营可获得20%分成收入，可以说一举三得。增加的村集体收入可优先用于村公益事业，助力乡村振兴。

3. 开展规模化农机和农资服务，农机专业合作社受益。对绿野农机专业合作社来说，通过全程托管，一方面可大大增加农机服务收入、农资代销收入，2019年农机服务收入和农资供销收入实现了当年翻番。另一方面还可从全程托管中分到30%的分成收入，提高了搞好生产经营的积极性，实现了生产经营与收益直接挂钩，较好地解决了农机专业合作社"干好干坏一个样"的难题。

4. 社会效益较为显著。开展规模化农机服务的社会效益主要体现在两个方面：一是解放了农村劳动力，社会效益显著。通过全程托管，减轻了农业生产劳动强度，节约了大量农村劳动力，促进了农业劳动力转移和城郊第二、三产业的发展。年轻人可安心外出打工，增加了工资性收入；老年人可轻松享受晚年生活，并获得稳定收入。村土地股份合作社对村土地管理、种植的统一规划，有利于环境优化，解决了村无处晒粮、公路晒粮等难题。通过土地股份合作制实现了产权模式转型，使土地变资源，村民变股民，盈利变分红，形成了新的农村产业发展模式。二是提高了土壤地力，保障了粮食安全。农业生产全程托管较好地解决了土地零散化问题，实现了规模经营。通过规模经营和标准化生产，为提升粮食品质、提高粮食竞争力，提供了保障。通过机械化与生态措施的实施，避免了土地地力透支，通过土地的科学管理，达到了高标准农田标准，实现了农业可持续性发展。

第五节　潍坊宏基关键环节综合托管模式分析

一、"宏基模式"概述

山东省高密市是山东半岛重要的粮棉油产区，农业生产的特点也是高投入、高产出，生产成本高。该市农机拥有量大，主要粮食作物生产在耕、种、收等方面实现了机械化，是典型的东部平原农业发展类型，当地农民以进城务工获得的收入为主要经济来源，以单户经营为主，农户农业种植收入占家庭收入的比例不高，对农业种植的关注度较低。农户主要劳动力大多在乡镇企业务工，农业生产托管和规模流转已渐成趋势。

基于以上原因，高密宏基农机专业合作社探索形成了"宏基模式"。模式的核心是以全程机械化综合农事服务中心为主体，以"村社共建"为基本服务架构，以"一图、二包、三平台"为服务支撑，形成"商农融合、机地一体"关键环节综合托管模式。其基本思路是在不改变农户土地承包权、经营权，不打破原有农户土地边界，农业收成归农户所有的前提下，由村党支部牵头组织成立村土地股份合作社，集中全村土地，由宏基农机专业合作社为其提供菜单式生产服务；宏基农机专业合作社通过制定托管方案，在数据汇总、农资发放等方面反方向购买村集体服务，在做好耕种、植保、收获、烘储全程机械化服务的基础上，为农户提供产前、产中、产后的全程机械化与综合农事服务。

二、模式路线

"宏基模式"管理运行图如图2-2所示。

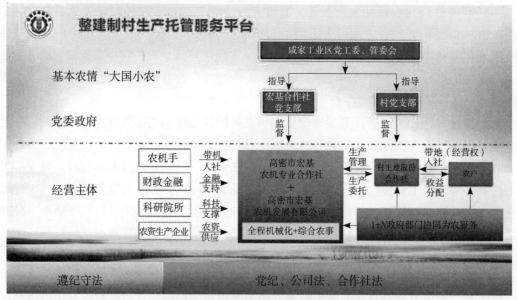

图2-2 "宏基模式"管理运行图

三、关键环节综合托管的步骤和要点

（一）在顶层设计上构建"合作社+党支部+农户"关键环节综合托管的组织构架

按照"合作社主导运行、区管委会负责监管、村党支部牵头组织、农商保险参与托底"的原则运行。首先，由高密市咸家工业区党工委组织引导各村党支部牵头成立了村粮食种植合作社或者村土地股份合作社。其次，按照"整建制土地托管"的要求，由宏基农机专业合作社与各村党支部开展"村社共建"，将各农户的土地加入村粮食种植合作社或土地股份合作社，采用花钱买服务的方式，交由宏基农机专业合作社承担实施耕、种、收和植保、烘储等关键环节综合托管服务。

(二)在规范运行上实行"契约+标准+规范"的服务模式

在实施过程中,宏基农机专业合作社与村合作社、村合作社与农户先后签订多份托管合同,明确了生产托管方、被托管方的权利和义务,形成了完善的工作推进机制和利益分配机制。为确保托管服务的规范运行,宏基农机专业合作社建立包括耕、种、管、收、农资供应等内容的农业经营套餐式服务表,以菜单的形式供农民选择服务项目。建立以农机维修、农艺农机推广、财务管控等为主要内容的"十大服务规范"和以农机作业质量、农资供应质量等为主要内容的生产服务标准,做到了"约定有合同、内容有标准、过程有记录、质量有保证"。同时,为保证精准服务的水平和效率,宏基农机专业合作社又研究推出了"一图、二包、三平台"的高效运营工具,使"生产托管"服务更科学、精准、高效。"一图"即高密市的基础农耕数据地图,准确显示区域种植品种、每村户地块、农机保有量等基础数据,作业机械传感器实时呈现作业服务业态。"二包"即生产托管作业服务包和多层次农产品数据包;生产托管作业服务包是根据农时季节要求,推出的耕、种、管、收"一条龙"作业服务;多层次农产品数据包是对农产品生产进行数据跟踪,形成质量追溯体系。"三平台"即农机作业调度与协同平台、农机服务评价平台和为农服务竞技平台,通过综合分析和利用农耕地图传递的信息,实现在线监控农机作业质量、实时调度农机服务业务等。

(三)在融合发展上打造"农机合作社+为农服务中心+涉农企业"模式的全程机械化综合农事服务中心

高密宏基农机专业合作社作为实施"农业生产托管"的服务主体,主动参与高密"为农服务中心"建设,拓展增加了测土配方、智能配肥、农资直供、烘干仓储、职业培训、庄稼医院等业务功能,基本实现了农业生产托管的"一站式"服务。做好与种子、化肥和农药营销企业的直接对接,以农机合作社的批量购买和社会化服务,减少中间环节,降低服务成本,增加农民收益。建立与粮食和饲料加工等生产企业的战略合作关系,共同开展农副产品初加工服务,实现第一、二、三产业融合发展。同时,整合部分小型农机合作社,成立农机合作联合社,对农机资源进行重新配置,淘汰落后机械,推广应用现代农业装备,大幅度提升了农机作业效率。

(四)在跟踪问效上建立"监督+考核+评价"的监管考核体系

高密宏基农机专业合作社和咸家工业区管委会、村合作社分别确定专人,成立3~6人的综合质量监督管理队伍,对"整建制关键环节托管"作业质量进行抽查,对"整建制托管"费用结算和利益分红情况进行监督。邀请农资行政监管部门对种子、化肥、农药等农资质量进行抽检,保证质量,取信于民。建立"生产托管"工作群众监督评价机制,镇村两级设立意见箱、公布监督电话,广泛听取群众意见,对于服务质量不到位、群众不认可的服务项目,农户有权拒付托管费用。高密宏基农机专业合作社与哈尔滨工业大学合作开发了农机服务评价平台,对所有农机手实行分级管理。机手等级直接与服务费相挂钩，对农户评分低或者受到投诉的农机手，宏基农机专业合作社暂停其服务资格，以保证农业生产托管高效实施。

四、"宏基模式"案例分析

高密市某村是高密市咸家工业区的整建制行政村，土地总面积906亩，人口1 100余人，2019年全部加入高密宏基农机专业合作社的"综合托管"，2019年共缴纳托管服务费606 114元。经测算2019年，宏基综合托管相比自我经营节约生产成本情况见表2-4～表2-7。

表2-4　秋季综合托管农机服务成本对比

环节	玉米收获 元/亩	深耕 元/亩	旋耕 元/亩	起垄 元/亩	播种 元/亩	机械植保 元·亩$^{-1}$·（3次）$^{-1}$	合计
社会价格	80	45	45	15	25	15	225
托管价格	60	35	35	10	18	12	170
农户节本	20	10	10	5	7	3	55

表2-5　夏季综合托管农机服务成本对比

环节	小麦收获 元/亩	播种 元/亩	机械植保 元·亩$^{-1}$·（3次）$^{-1}$	运输 元/亩	合计
社会价格	60	25	15	20	120
托管价格	45	20	12	18	95
农户节本	15	5	3	2	25

表2-6　秋季综合托管农资使用成本对比

环节	化肥	规格 斤/袋	使用量 斤/亩	价格 元/袋	农药 种类	农药 价格 元/3次	合计 元/亩
社会价格	某品牌15-15-15	100	120（1.2袋）	160	除草剂等	75	267
托管价格	某品牌15-19-6	80	80（1袋）	139		60	199
农户节本							68

表2-7　夏季综合托管农资使用成本对比

环节	种子价格 元/袋	化肥价格 元/袋	农药价格 元/3次	合计 元/亩
社会价格	50	160	60	270
托管价格	45	120	40	205
农户节本	5	40	20	65

通过表2-4～表2-7中数据得出，农业生产综合托管后，每年每亩土地可节省213元的成本（植保按3次计算），该村2019年共节省生产成本192 978元；通过无人机飞防作业，降低农药使用量20%，提高效率300～600倍，有效防治率达97%以上，并降低了农业面源污染；通过测土配方和智能配肥，每亩可减少化肥使用量17%～20%，降低了土壤污染，改善了土壤结构。高密宏基农机专业合作社的"关键环节综合托管"实现了多方共赢的局面：一是创新现代农业生产经营模式，科学回答了"谁来种地、怎么种地"

的时代之问。通过农业生产关键环节综合托管,以契约的形式托管了农民的种地任务,同时,合作社依托自身组织和培训优势,把一大批掌握农机、农业技术的合作社成员,培养成为新时代的职业农民。新型职业农民作为新生力量,在合作社的组织下开展专业化的农业生产经营,从根本上解决了"谁来种地"的问题。宏基农机专业合作社开展农业生产托管,以农机规模化作业提高了劳动生产率,以农资联采直供降低了生产成本,以科学的种植管理模式实现了标准化生产、规模化种植、集约化经营。二是充分发挥了基层党组织的战斗堡垒作用,有效解决了村级集体经济"空壳"和农村基层党组织凝聚力、战斗力、号召力弱化的问题。当前,农村村级党组织普遍存在着组织、管理和服务群众手段不足的问题,农业生产托管的推行为村级党组织发挥作用提供了一条可行途径。村级党组织发挥其组织优势,发动农民、组织农民将土地入社、入股,实现土地连片经营和规模发展。在农业生产关键环节托管过程中,各村党支部都积极牵头成立合作社,鼓励引导农户加强联合合作,与宏基农机专业合作社进行对接,具体做好土地整合、数据统计、农资配送、作业质量监管等工作,提升了村组织的服务能力,增强了基层党支部的凝聚力、执行力和号召力。通过村社共建,锻炼了村"两委"干部,提升了农村治理能力,村党支部说话、办事一呼百应。关键环节综合托管拓宽了村级集体收入渠道,该村土地合作社通过开展信息采集、农资发放、农机引导、作业验收、数据汇总等综合服务工作,宏基农机专业合作社支付给村土地股份合作社40元/亩的服务费(仅秋季包),仅此1项为集体增加收入36 240元。2019年,宏基农机专业合作社在咸家工业区共托管3.1万亩土地,村土地合作社服务费收入约125万元,缓解了村级公益事业无钱开展的尴尬。三是保障了农民的根本利益,有效实现了"农业增效、农民增收、农村发展"的战略目标。宏基农机专业合作社"关键环节综合托管"生产经营模式坚持农民主体地位,注重维护农民合法权益,不搞强迫命令、不搞一刀切,在保持农村土地承包关系稳定的前提下,本着"依法、自愿、有偿"和"进退自由"的原则,循序渐进、有序开展。同时,真正把选择权交给农民,农民可自愿选择托管方式和服务项目。宏基农机专业合作社开展综合托管的高密咸家工业区素有"纺织之乡"的美誉,有纺织企业100多家,打工人员7 000多人,大都来自周边村庄,农忙季节经常出现打工顾不上种地、种地影响打工的问题。整建制综合托管模式的推行,地里的耕、种、管、收等农活都由合作社负责,农民当起了"甩手掌柜",既可轻松完成农业生产,又可安心在企业打工,实现了种田和打工"两不误",农业种植收入和工资性收入"双保证"。该村共有550名适宜劳动力到就近工厂上班,每月收入4 000元左右,每年总收入达2 640多万元。四是推动了新型农业经营主体的培育和壮大,创新实践了农机专业合作社等农村经济合作组织服务"三农"、引领现代化农业发展的新型生产经营模式。"宏基模式"开辟了农机合作社与村党支部、为农服务中心、农民专业合作社等村级组织合作的新途径,探索出了与一家一户小农经济合作的有效衔接方式,农民拥有土地收益,合作社按服务项目获得报酬,既符合农民需求,又促进了合作社发展。目前,宏基农机专业合作社成员达1 012人,拥有大型动力机械320台、农机具700多台套。宏基农业专业合作社荣获"2018年中国农机行业年度农机化杰出服务奖",2019年托管服务收入达2 140万元,获得利润超过120万元。

第三章 村土地股份合作社的建立、运营与管理

农民土地入股是农村土地流转的主要形式，就是农民以家庭承包土地的"经营权"作为股份，入股农业生产经营组织，并利润分红。农业农村部等六部委联合发布《关于开展土地经营权入股发展农业产业化经营试点的指导意见》，明确将农民土地经营权入股，既能保证农民利益，又能克服土地产业化经营过程中的诸多瓶颈，将成为发展农业产业化的重要形式。

农民土地入股既有利于农业生产经营组织集中经营土地，发展农业生产现代化、产业化，又带动了农民积极加入现代化、产业化的农业生产。既激发出了土地的活力，减少了土地经营成本，增加了土地产出，扩宽了农民的就业渠道，增加了农民收入，又是确保我国耕地红线和粮食安全的一条重要农业生产经营模式。本章就农民承包土地经营权入股办法，以及农村土地股份合作社的建立运营和管理进行探讨。

第一节 村土地股份合作社的概念、特征和基本类型

一、村土地股份合作社的概念

村土地股份合作社是以农民土地经营权作为入股方式，运用股份合作的形式，为实现土地适度规模经营，提高土地产出效益而建立的一种农民土地股份合作的新组织形式。这种农业生产土地经营组织形式，把土地承包经营权变成了股权，把承包经营的小农户变成了股东，使入社土地由合作社统一耕种生产运营，农民除参与生产经营享有劳动收获外，还可享受年底分红收益。

二、村土地股份合作社的特征

村土地股份合作社有许多自身的特征，既具有股份制又具有合作制，农民入股的股份是土地"经营权"这一特殊资产，有比较鲜明的自身特征。一是股份以土地"经营权"为基础。农村土地股份合作社，在农户土地"承包权"和"经营权"两权分置并行的基础上，主要是以农民土地"经营权"入股设立的合作社，搞好土地"经营权"评估作价尤其重要。二是经营以合作经营为方向。农村土地股份合作社，鼓励农民土地入股与农村资金、技术入股相结合，建立合作社相关运行制度，以农业机械化、农业新科技

为依托,以发展高效农业种植为主攻方向,实行现代化的经营模式,建立农村土地股份合作社二次分配制度。三是以发展规模化经营为基础。农村土地股份合作社适应规模化经营的要求,根据经营品种、劳动力状况、地域特点、耕作条件等,确定合作社的农业生产经营方向,确保合作社生产经营基本收益。四是合作社实行民主管理。社员实行一人(股)一票,地位平等。持有较大股份的社员,可实行附加表决权制。

三、村土地股份合作社的基本类型

村土地股份合作社的基本类型如下:

(一)按股份额收益分配型土地股份合作社

这种形式以土地份额入股(包括折价入股)的方式成立,按照股份合作制的原则设置股权,并设立组织机构,按照合作社章程实行民主管理,合作社自主经营、自负盈亏,本着利润共享、风险共担的原则,根据入股份额参与利润收益分配。

(二)固定分配型土地股份合作社

这种形式主要是指农民通过入股形式把承包土地流转给土地股份合作社,合作社集中将经营权发包给有关村委会或者农业生产经营组织。农民根据转让承包土地经营权面积取得固定收益,不参与土地的经营管理,不承担生产经营风险。固定收益型类似于土地流转,等于土地经营权二次承包。

(三)农民股份收入保底分配、盈利分红型土地股份合作社

这种形式主要是指农民通过土地入股,委托合作社经营土地,农户可以得到固定股份分红及年底根据经营状况的二次分配红利,农民不承担任何生产经营风险。

近年来,在中央和省有关政策的激励下,各地农村土地股份合作社得到了较快的发展,形成了不同的运营模式,从整体上促进了土地规模化经营、有效降低了农业生产经营投入,增加了土地产出效益。农民参与农业生产的作用和地位发生了巨大变化,新型职业农民初步形成,逐渐改变着农业、农村的面貌。

第二节 村土地股份合作社建立的基本程序

一、确定发起人

成立村土地股份合作社筹备小组,确定发起人。由村党支部或其他农业生产经营组织牵头成立筹备组织,确定发起人。

一般以村党支部为发起人。这样做主要是基于四点原因:一是村党支部具有天然优势,可以较好统筹村庄资源,协调各方面关系。二是村党支部是一个稳定的基层组织,村党支部领导班子稳定,则合作社就能稳健生产经营,群众对合作社就有信心。村党支

部能够把握农村生产力的正确发展方向,避免合作社的发展被内部人、少数人控制,导致合作社资源、资产的流失以及经营不善,从而造成亏损。三是村党支部能够赢得社会各方面信任、工作能力较强,生产经营过程中能够提高效率。由村党支部成员担任合作社的负责人,更容易团结村民、赢得成员信任,在合作社的组织构建、利益分配、任务分工等方面,能避免无休无止的内耗,最大限度地提高工作效能。四是村党支部领办的合作社是一种新型的集体经济组织,村集体在合作社中一般拥有一定的股份,这就可以保证合作社在发展的同时,为村集体增加一定的经济收益,村集体也就有能力改善村庄的公共设施和村民的公共福利。

二、宣传发动

(1) 在村内印发明白纸等宣传材料,基本做到每户知晓,并及时收集、梳理、反馈群众所反映的问题,然后根据《中华人民共和国农民专业合作社法》和《中华人民共和国农村土地承包法》等有关法律法规形成解答意见。

(2) 广泛听取意见。采取召开座谈会、入户走访等方式,在村内初步形成组建土地股份合作社的舆论环境。

(3) 初步确定入股农户名单,向每户发出入股倡议,并分发倡议书,动员有入股意向的农户在倡议书上签字同意。

(4) 张贴决定建立村土地股份合作社的通告。

三、起草村土地股份合作社章程

村土地股份合作社筹备小组在深入调查研究的基础上,根据当地特点,草拟村土地股份合作社章程,统一明确该合作社宗旨、组织机构、股份构成、社员权利与义务、经营方式、利益分配以及重大决定程序等内容。草拟章程后,要听取各方意见,经过充分酝酿,意见达成一致,如各方面条件基本成熟,应在村内公示栏内张贴公示,如无异议,合作社筹备小组应筹备召开全体成员(代表)大会和合作社成立大会。

四、确权到户

1. 推选股东代表。以户为单位,一般推荐家庭户主为股东代表,全权代表家庭行使相关权利,参加相关制度方案的制定,并办理该户入社相关手续。

2. 摸底调查并公布调查结果。制发统一规格的摸底调查表,由村土地股份合作社筹备小组工作人员和群众代表,对入股户数、人口、土地面积等基本情况进行摸底调查。涉及争议地域,则由村党支部组织群众代表研究表决,或者邀请自然资源与规划部门勘测界定。

3. 公示。将调查摸底的基本情况,由户主签字盖章确认后,在村公示栏张榜公布。

4. 公布股份证明。按照1亩1股或其他社员一致同意的办法折算股本,作为社员的股份证明和收益分红依据,并在村公示栏张榜公布。

5. 公布集体股份。村集体经营土地入股的,经群众代表大会讨论确认,按照1亩1股或一致同意的办法折算股本,股份由村集体持有,并在村公示栏张榜公布。

五、建档造册

公示期间各方面无异议的,将最终结果按权属分类,进行建档造册。

六、筹备成立大会

1. 村土地股份合作社筹备小组筹备成立大会相关事项,布置会场,制定会议议程。

2. 张贴理事会、监事会选举办法(包括候选人任职资格,理事会、监事会成员人数,任职年限,选举程序等)。

七、召开成员(代表)大会暨村土地股份合作社成立大会

村土地股份合作社成立大会与第一次成员(代表)大会合并召开,一并称村土地股份合作社成立大会。主要内容:通过合作社章程,选举合作社理事会、监事会,同时宣告村土地股份合作社成立。成立大会主要议程分为以下两个阶段:

第一阶段:

1. 筹备小组负责人报告村土地股份合作社筹备工作情况。

2. 表决有关事项。

宣读并审议村土地股份合作社章程(草案),参加大会成员代表审议并举手表决。

宣读并审议村土地股份合作社理事会、监事会选举办法(草案),大会成员代表审议并举手表决。审议通过监票人、计票人建议名单,参加大会成员代表审议并通过举手表决。

3. 选举理事会、监事会。

介绍村土地股份合作社理事会、监事会成员建议名单,参加大会成员代表审议,并进行无记名投票选举。

无记名投票选举村土地股份合作社首届理事会、监事会成员(监票人向主持人报告计票情况),主持人宣布理事会成员、监事会成员投票选举结果。

主持人宣布村土地股份合作社正式成立。

第二阶段:

1. 召开首届村土地股份合作社理事会、监事会会议,推举理事长、监事长候选人,并举手表决。

2. 主持人宣布村土地股份合作社首届理事长、监事长当选人名单。

3. 新当选理事长讲话。

八、注册村土地股份合作社成立

(一)名称预先审核

注册合作社之前,首先要通过合作社名称预审。名称预审到县级以上市场监督管理

部门办理。

（二）注册办理营业执照

名称审核通过后，就可以开始注册。注册合作社一般需准备以下材料：

1. 合作社章程。章程规定了合作社的信息，以及管理制度、组织机构、经营方式及范围、盈利分配等核心内容，是合作社的核心文件。

2. 合作社出资入股清单。合作社出资遵循自愿原则，村土地股份合作社一般承包土地入股，出资入股清单由理事长签字并盖章确认。出资入股清单包括户主姓名、身份证号码、出资亩数等（可参见表3-1）。

表3-1 ××村土地股份合作社成员入股清单

序号	成员姓名及名称	入股方式	入股亩数	成员签名
1		承包土地		
2				
⋮	⋮	⋮	⋮	⋮

成员入股总额　　　　亩　　　　每亩1股。法人代表签名：

年　　月　　日

3. 合作社成立大会纪要。大会纪要格式示例如下：

××村土地股份合作社成立大会纪要

根据《中华人民共和国农民专业合作社法》的有关规定，本合作社成立大会做出如下决议：经全体成员同意成立××村土地股份合作社，经营地址设在××村村委会，住址××××；由××名成员出资承包土地××亩，每亩承包土地占1股，共××股。

选举×××为本社理事长，选举×××、×××、×××为理事。

选举×××为本社监事长，选举×××、×××、×××为监事。

设立人签名（盖章）

年　　月　　日

4. 合作社场所使用证明。使用证明格式示例如下：

县市场监督管理局：经调查核实，由××村土地股份合作社作为办公场所使用，位于（详细地址），使用面积××平方米，属合法建筑，产权归×××所有，特此证明。

村委会（章）

年　　月　　日

对于村土地股份合作社住所证明：以成员自有场所为住所的，应当提交该社有权使用证明及产权证明；因其他原因没有房管部门颁发的产权证明的，可提交租赁协议及由村委会出具的产权证明，填写场所应标明详细地址。

5. 合作社法人、理事身份证明材料（身份证复印件）。

6. 合作社成员花名册，示例见表3-2，并提供合作社所有成员身份证明复印件。

表3-2　合作社成员花名册

序号	姓名	身份证号码	成员类型	备注
1				
2				
3				
4				
⋮	⋮	⋮	⋮	⋮

农民成员数　　名，所占比例　　%；企事业成员数或社会团体　　名，所占比例　　%。

本合作社的成员符合《农民合作社登记管理条例》第十三条、第十四条的规定，并对此承诺的真实性承担责任。

法人代表签字（盖章）
年　　月　　日

7. 指定或委托代理人证明示例见表3-3。

表3-3　指定或委托代理人证明

指定代表或委托代理人姓名：

指定代表或委托代理人权限：办理××村土地股份合作社设立登记注册。

同意 [　　]　　　不同意 [　　] 修改有关表格的填写错误。

指定或委托代理有效期限：自　年　月　日至　年　月　日

指定代表或委托代理人电话：
（指定代表或委托代理人身份证明复印件张贴处）

法人代表签字（盖章）　　年　　月　　日

注：此表格由市场监督管理局提供。

市场监督管理部门在收到相关文件后，会在一定工作日内办理营业执照。

九、办理公章

到公安部门办理合作社公章。依据公安部印章管理办法，提交营业执照原件及复印件，法人代表身份证明原件及复印件。

十、农业农村部门（经管部门）登记备案

提交营业执照原件及复印件、合作社简介（注明理事长姓名、电话、合作社办公地址、邮箱等）。

十一、网上办理税务注册

办理营业执照后，直接登录"国家税务总局山东电子税务分局（https://etax.shandong.chinatax.gov.cn/）"办理注册。纳税人识别号就是营业执照上的组织机构代码，密码为法人身份证号后6位，在网上完善企业信息，并打印有关表格，之后到县级税务局办理发票申领手续。

十二、申请银行开户和账号

向银行提供合作社营业执照正副本及复印件、合作社法人代表身份证明及复印件、经办人身份证明及复印件和相关授权文件、合作社公章及财务专用章、法人代表及财务负责人名章。

第三节 村土地股份合作社章程制定、股份构成以及经营形式和分配办法

一、村土地股份合作社章程制定

合作社章程是合作社在法律法规和国家政策规定的框架内，由合作社全体成员根据本合作社特点和发展目标制定的，并由全体成员共同遵守的行为准则。制定合作社章程是合作社设立的必须条件和必经程序之一。章程必须经全体成员一致讨论通过才能形成。章程必须采用书面形式，全体设立人在合作社章程上签名（盖章）。实践中，应立足于本合作社实际情况，根据《中华人民共和国农民专业合作社法》，参考农业部颁发的《农民专业合作社示范章程》制定合作社章程。合作社章程是合作社生产经营自我治理的重要体现，合作社的重要事项都应当由成员协商、讨论通过后规定在章程中。修改章程要经成员大会做出修改章程的决议，并应当依照《中华人民共和国农民专业合作社法》的规定，由本社成员表决权总数的2/3通过。合作社章程也可以对修改章程的程序和表决权做出更严格的规定，这是为了更好地保证合作社的长期相对稳定发展，充分保证成员利益。

按照《中华人民共和国农民专业合作社法》的规定，农民专业合作社章程应载明以下事项：①合作社名称和地址；②业务范围；③成员资格及入社退社；④成员的权利和义务；⑤组织机构产生办法、职权、任期及议事规则；⑥成员的出资方式及出资额；⑦财务管理、盈余分配及亏损处理，实践中提取公积金的比例在10%左右为宜，提取公益金的比例在2%左右为宜；⑧章程修改程序；⑨解散事由及清算办法；⑩公告事项及发布方式；⑪需要规定的其他事项。农村土地股份合作社应该突出成员土地经营权入股，土地

性质不变，土地集体所有权和农民承包权不变。

二、村土地股份合作社股份构成

农村土地联产承包责任制实行以来，农村土地股份合作社形成了不同的发展类型，但规模大都比较小，属于个别农户个人行为，国家没有出台相关政策，产权也不明晰，发展受到制约，没有形成良好的发展模式和机制。随着形势的发展，对土地股份合作社提出了新的、更高的要求。土地股份合作社要弥补家庭土地承包责任制的不足，解决土地流转和托管中形成的矛盾和难题，使合作社运行更加规范和完善。

当前村土地股份合作社基本有三种股份构成形式：

（一）纯土地经营权入股村土地股份合作社

成员以家庭承包的土地（村集体经营土地）经营权入股，一般1亩1股。此类型合作社，一般由村党支部牵头，股份组成单一，章程制定简单，与农业生产经营组织合作可操作性强，对整村制土地流转和生产托管有较大发展空间。潍坊市绿野农机专业合作社在生产托管实践中，作为农业生产经营组织，与这类村土地股份合作社合作的案例较多，运营过程具有较强可操作性，合作比较成功。

（二）综合股份合作社

农民成员以承包土地经营权作价入股，其他成员可以资产作价入股，也可以现金入股。入股农用地的折价办法一般参照每亩耕地前3年平均年产值来确定。为保障农民利益，建议在章程中明确农户土地经营权入股后，优先保障其收益。此类合作社资金和资产股份相对庞大，资金和资产股份持有人大都是改革开放以后见多识广，有一定头脑和魄力的人，话语权相对较强。农民承包土地经营权入股相对较少，在合作社话语权较弱，农民成员的权益较难得到保障。此类合作社的土地规模相对较小，农民成员户数较少，农业生产在合作社经营过程中占比较小，全程托管较为合适。

（三）村经济股份合作社

这由村集体经营性净资产折股量化改制而成，是以资产为纽带、股东为成员的综合性（社区性）农村集体经济组织。当前村经济股份合作社运行比较成功的是村集体经济比较发达，而且农业所占合作社经济份额较小的村和社区，二三产业能够补助农业。此类合作社大部分农民承包土地经营权没有入社，村经济股份合作社可以成立村土地股份合作社，作为村经济股份合作社的分社，与农业生产经营组织合作经营；若农民承包土地的经营权已经加入村经济股份合作社，村经济股份合作社也可以把土地经营分离出来，单独和农业生产经营组织合作。

三、村土地股份合作社的经营形式与分配办法

村土地股份合作社在发展过程中，依据各自的不同条件，形成了不同的经营类型。

主要有以下几种形式：

（一）自主经营型

自主经营型即农民以承包土地经营权入股的村土地股份合作社，入股土地由村土地股份合作社统一耕种收、统一管理、统一经营、统一核算，年终分配按股份分红。入股农民根据自己意愿在合作社参加农业生产，按劳取酬。此类土地股份合作社适合土地大规模经营，相应土地股份合作社具备相应条件的生产能力，如机械、场地，并具有一定的生产资料和设施。但这类合作社要求合作社内部机械、设备等配套齐全，且有一定的懂农业技术、懂业务的管理人员，如果管理人员的水平不高，效益很难得到保证。

（二）内股外租型（即通常所说的合作+专业型）

内股外租型即在不改变土地用途的前提下，村土地股份合作社采取对外统一进行生产托管的经营方式，将土地经营统一委托给农业生产服务组织，发展农业规模经营。这样就有效地规避了无经营能力者占有土地，有经营意愿者无地经营的尴尬。潍坊市绿野农机专业合作社开展全程托管经营采用的就是此类形式。为了充分保证农民权益，一般对成员采取"保底+分红"的分配模式，而且分红分配要充分照顾成员、土地股份合作社和农业生产经营组织各方的积极性。若出现亏损，一般由农业生产经营服务组织承担，这就要求农业生产经营组织有具体的抗风险预案和能力。

（三）内股外租+自主经营型

内股外租+自主经营型，即土地股份合作社根据实际情况，将一部分土地转包和租赁给农业生产经营组织集中经营，同时留出一部分土地进行自主经营。此类合作社自主经营部分相对具有产业优势，转包和租赁经营部分基本上是大田作业和传统粮食作物种植。分配方式主要是按股分红。

第四节　村土地股份合作社的组织机构及管理要求

一、村土地股份合作社的组织机构

村土地股份合作社通常应该设有以下机构：成员大会或成员代表大会、理事会、监事会。村土地股份合作社成员大会由全体成员组成，是合作社的权力机构，行使以下职权：讨论修改合作社章程；通过讨论表决选举和罢免合作社理事长、理事、执行监事以及监事会成员等有关领导人员；讨论研究并决定重大财产处置、对外投资、对外担保和生产经营活动中的其他重大事项；讨论批准年度生产经营业务报告、盈余分配方案和亏损处理方案，或讨论通过和否决专项业务生产经营业务报告；对合并、分立、扩大、解散和清算等作出决议；决定聘用农业专业技术人员和经营管理人员的任职资格、数量和任用期限；听取理事长或者理事会关于合作社成员以及聘用技术、管理人员变动情况的报告；章程规定的其他职权。

村土地股份合作社组织机构示意图如图3-1所示。

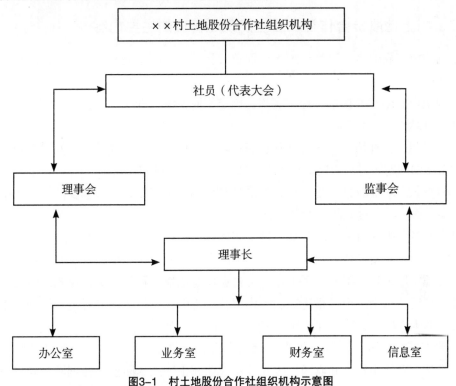

图3-1　村土地股份合作社组织机构示意图

二、村土地股份合作社的管理要求

村土地股份合作社召开成员大会（每年至少召开一次），出席人数应当达到成员总数的2/3以上。成员大会选举、罢免和作出重大决议，必须由本合作社成员表决权总数过半数同意才能通过；作出修改章程以及合并、分立、扩大、解散等决议，必须由本社成员表决权总数的2/3以上同意才能通过。合作社章程对表决权数有较高要求的，服从合作社章程规定。理事长、理事、执行监事以及监事会成员，由成员大会从本合作社成员中选举产生，依照《中华人民共和国农民专业合作社法》和合作社章程的规定行使职权，对成员大会负责。理事会、监事会会议的表决，实行一人一票，公平公正，合作社章程有特别规定的按合作社章程执行。

第五节　村土地股份合作社农业生产现场管理

一、村土地股份合作社现场管理的机构设置

不论是自主经营还是外包租赁经营都存在着生产现场管理问题。村土地股份合作社和农业生产经营组织负责人对生产管理负总责，设生产技术部负责生产技术管理具体

工作，生产技术部负责人对村土地股份合作社和农业生产经营组织负责人负责并汇报工作。

二、村土地股份合作社农业生产现场管理的主要内容

1. 制定全年农业生产工作计划。全面负责种植、田间管理和收获等生产活动的组织管理。

2. 制定农业生产的技术流程并实施，确定作业技术标准，开展技术创新，解决农业生产过程中遇到的技术问题。

3. 监督和检查种植、田间管理和收获各环节工作任务的完成情况，及时发现和解决生产中出现的问题，对重大问题要及时上报，并提出意见和建议。

4. 协调做好农业机械、生产资料的准备和后勤保障工作，组织调度产前、产中、产后的各项工作，建立良好的生产秩序。

对生产经营中的每一个环节都要制定明确具体的技术标准，并在开工前对员工进行技术培训，应优先安排技术熟练、经验丰富的人员作业。具体组织落实基地种植、田间管理、劳务聘用和日常事务管理工作。可根据作业地块、种植种类及模式的需要，组成若干生产小组，每个小组可指定一名工作组长，协助生产技术部进行生产管理，生产技术部对基地生产作业进行全程指导、监督、检查和管理。

5. 要严格按照操作规程，加强安全生产管理。农业机械应由有资质的熟练人员操作。要科学合理使用化肥和农药，优先使用农业和生物技术防治，药剂防治要严格控制农药种类、剂量、时间和方法，把农药残留和农药污染降到最低。使用后的肥料、农药以及包装袋、瓶、箱应集中回收，统一管理，避免造成二次污染。

6. 生产技术部应建立工作台账，及时、准确、完整记录生产作业情况和田间管理落实情况，完整记录农业机械和生产资料使用品种、方法、效果。对阶段、季节和全年生产情况进行书面、系统的总结，对明年生产计划提出建议意见并负责落实。

7. 在生产全程托管过程中，要重点做好农作物生产过程的监管工作。一是安排专人定期巡查作物生长情况，对水、土壤、天气等进行全程跟踪，监督托管服务组织加强管理。二是落实好临近成熟作物的管护工作，严防损坏、偷盗、火灾等事故的发生，减少损耗。三是要监督托管服务组织落实全程托管责任，防止农机作业及运输过程各类损耗的发生。四是要做好生产记录工作。

第六节　村土地股份合作社主要业务会计处理实务

一、股金筹集的核算

（一）合作社吸收农户入股

【例1】××镇××村成立村土地股份合作社，农户以土地经营权入股面积共1 900

亩，每年每亩作价800元，按照1 000元为1股标准进行入股，折合股份为1 520股。

会计分录如下：

借：其他资产—无形资产—土地承包经营权　　1 520 000元

　　贷：股金　　　　　　　　　　　1 520 000元

（二）财政扶持资金入股

【例2】×××镇××村成立村土地股份合作社，收到县级财政奖补扶持合作社资金共150万元，以1 000元为1股标准进行入股，折合股份为1 500股。

会计分录如下：

借：银行存款　　1 500 000元

　　贷：股金　　　　1 500 000元

（三）社员及集体非货币资金入股

【例3】×××镇××村成立村土地股份合作社，村委会以5间房屋入股土地股份合作社，作为其办公用房，作价12万元，村民刘某以东方红-80拖拉机入股合作社，作价3万元，村民孙某某以雷沃谷神GM70小麦联合收获机入股，作价5万元。

会计分录如下：

借：固定资产—房屋　120 000元

　　　　　　—农机　80 000元

　　贷：股金　　200 000元

二、年终股利分配的核算

【例4】2018年××村土地股份合作社吸收农民入股土地1 900亩，每年每亩作价800元，按照1 000元为1股标准入股，接受上级财政扶持资金入股投资150万元，村委会办公用房入股作价12万元，村民刘某以80拖拉机入股，作价3万元，村民孙某某以雷沃谷神70小麦联合收获机入股，作价5万元。农业机械入股共8万元，土地股份合作社成立后，当年实现盈余165万元，按照与农户的约定，农户股份按照每年每亩1 000元优先保证保底分红，如果当年盈余不足以支付农户的保底分红，也要优先从盈余分配中垫付农户保底分红并保证支付，待以后年度产生盈余后进行弥补。其他社员则不享受保底分红政策，若本年总收益扣除保底分红后仍有盈余，则首先按可分配盈余10%计提公积公益金，然后再按照各方入股比例进行二次分红。（特别说明：土地股份合作社按照1 000元为1股标准进行入股分红，再将财政补助部分股份20%的分红用于支付低收入农户，因农户已经按照每年每亩1 000元进行初次保底分红，协议规定农户二次分红按照每年每亩200元折股计算分红）

1.本年度获得盈余结转。

会计分录如下：

借：本年盈余　1 650 000元

　　　　贷：盈余分配　1 650 000元

  2.提取并支付保底分红。

　　操作实务中保底收益形式是目前土地股份合作社最常用的一种分配形式，提取并保障农户保底收益是确保土地股份合作社健康发展的基础。

　　从收益分配中提取：

　　（1）提取时，会计分录如下：

　　借：盈余分配　1 520 000元

　　　　贷：应付盈余返还——保底收益　1 520 000元

　　（2）支付时，会计分录如下：

　　借：应付盈余返还——保底收益　1 520 000元

　　　　贷：银行存款1 520 000元

  3.提取合作社公积公益金。

　　提取公积公益金数额=（1 650 000－1 520 000）×10%=13 000（元），会计分录如下：

　　借：盈余分配　13 000元

　　　　贷：公积公益金　13 000元

  4.提取并支付低收入农户分红。

　　农户保底分红折股总数=1 900×800/1 000=1 520（股）。

　　参与二次分红农户折股总数=1 900×200/1 000=380（股）。

　　财政扶持资金折股=1 500 000/1 000=1 500（股）。

　　村集体房屋折股=120 000/1 000=120（股）。

　　实物作价折股=（30 000+50 000）/1 000=80（股）。

　　以财政补助部分给低收入户可分红利=（1 650 000－1 520 000）×90%×1 500/（1 500+380+200）×20%=16 848（元）。

　　（1）提取时，会计分录如下：

　　借：盈余分配　16 848元

　　　　贷：应付剩余盈余——低收入户分红——各户 16 848元

　　（2）支付时，会计分录如下：

　　借：应付剩余盈余——低收入户分红——各户 16 848元

　　　　贷：银行存款　16 848元

  5.提取并支付村民刘某、孙某某农机入股分红。

　　刘某可分红利=（1 650 000－1 520 000）×90%×30/（1 500+380+200）=1 687（元）。

　　孙某某可得分红=（1 650 000－1 520 000）×90%×50/（1 500+380+200）=2 813（元）。

　　会计分录如下：

　　借：盈余分配　4 500元

　　　　贷：应付剩余盈余——刘某1 687元

　　　　　　　　——孙某某2 813元

6.提取并支付农户二次分红

农户土地入股二次分红=（1 650 000－1 520 000）×90%×380/（1 500+380+200）= 21 375（元）。会计分录如下：

借：盈余分配 21 375 元
　　贷：应付剩余盈余—各农户 21 375元

该村土地股份合作社未分配盈余=1 650 000－1 520 000－13 000－16 848－4 500－21 375=74 277（元）。

若2018年该村土地股份合作社实现盈余140万元，不足支付保底分红时，按照协议规定仍需从盈余分配中垫支农民土地的保底分红。会计处理如下：

提取时，会计分录如下：

借：本年盈余　1 400 000元
　　贷：盈余分配　1 400 000元

借：盈余分配　1 520 000元
　　贷：应付盈余返还—保底收益　1 520 000元

支付时：

借：应付盈余返还—保底收益 1 520 000元
　　贷：银行存款 1 520 000元

解析：盈余分配=1 400 000－1 520 000=－120 000（元），余额在借方，出现的赤字待以后年度盈余时自动弥补。只有土地入股的农户享受保底分红，其他人则不享受保底分红，也无需作会计分录。

第四章 综合农事服务中心内部管理与流程再造

在新发展理念的引领下,综合农事服务中心的服务效益、服务质量已成为其生存发展的决定因素。面对日益激烈的市场竞争,只有不断发展壮大,并在组织和制度上不断创新,才能适应发展要求,不被历史淘汰。农机专业合作社向全程机械化综合农事服务中心的转型和提升,就是其逐步摆脱合作经营的初级阶段,向组织规模化、纵向一体化、股金多元化、治理结构公司化和分配方式多样化的转型过程。通过转型升级,使其在组织架构、管理理念、运营方式上产生全新的蜕变,较好地规避熟人经济和熟人管理的弊端,将农机专业合作社等农业生产经营组织逐步打造成按现代企业管理方式和管理模式来运作的农村新型经营组织。本章重点以规范化的农机专业合作社管理为蓝本,探讨综合农事服务中心的内部管理问题。

第一节 组织建设与管理

综合农事服务中心作为促进土地、劳动力、资金、装备、技术、信息和人才等生产要素有效整合的服务组织,必须拥有健全完善的股权结构和组织体系,才能保证有效地配置内、外部的有限资源,实现其服务社会、服务成员、壮大发展的目标。

一、股权结构的优化与分配方式的完善

综合农事服务中心由于其服务功能和服务规模都与传统的农机专业合作社有了较大的区别,原来相对单一的成员股权结构和分配方式已完全不能适应新的形势,必须进行相应调整和优化。只有成员身份和股权结构设置科学,分配方式合理有效,才能调动各方面的积极性,为组织发展提供强力的资金支持,并使组织不断发展壮大。

(一)传统农机专业合作社股权结构和分配方式亟待完善

传统农机合作社主要是由部分农机户以带机入社方式,将机械作价入股、少量农户以现金出资方式入股而成立的。在服务内容上,以开展农机跨区作业和承包较大的政府服务性项目为主,平时各农机户机械没有进行统一经营和集中管理,社员只有在参加统一作业时,才进行集中组合开展作业,实现收入后,除留下少量公积金外,多数按各

自作业的数量或收入情况分配给社员,简单明了。参加下一次作业时仍然采用这样的作法进行分配。这种管理和组织形式,优点是分配简单和容易操作,缺点是造成农机合作社积累很少,难以形成一个具有向心力和战斗力的集体。由于采取吃光分净的办法,多数农机合作社长期不能做大。同时有不少的合作社由于内部分配等原因,产生纠纷,造成其难以运营或者解散。这样原始的简单股权组合和单一分配形式已完全不能适应开展全程机械化综合农事服务,以及做大农业生产托管业务的需要,必须进行全面优化和完善。

(二)股权结构设置的基本思路和办法

根据2018年7月新施行的《中华人民共和国农民专业合作社法》,农民专业合作社成员的出资方式可以是货币资金、实物、知识产权、林权等,也可以是土地经营权。成员出资入股的表现形式呈现多样化。同时规定,参加农民专业合作社的成员由以农民成员为主,扩大到公民、企业、事业单位或者社会组织等多类人员和组织,也呈现多元化。农民、企业和社会组织加入农民专业合作社的目的也产生了多元化。农民以土地经营权入社是为了让土地经营权产生相对较高的经济收益;农机户以机械入社是为了通过合作社这个平台的统一运营和服务,提高机械使用率,增加自有机械的作业量,来提高收益;企业或者组织入社主要是为了通过合作社这个平台,将自己企业的产品或服务销售推广出去,提升效益;事业单位入社主要是通过合作社这个平台完成有关任务,并产生效益;个人投资者出资入社是为了通过投资产生较高的收益。所以说,出资方式、入社成员和利益目标的多元化,要求建立不同的股权结构并配置相应的分配方式,来调动各方面的积极性,共同实现组织发展、多方共赢的目标。

基于以上原因,建议在股权结构上设立优先股、普通股(身份股)、投资股三部分。优先股主要是针对以土地经营权折价入股的农户,每亩每年按800元折价入股,每1000元为1股;普通股(身份股)主要是针对以较少资金入股保留成员资格,其个人农业机械享受农机专业合作社统一分配作业任务的农机户,一般以5 000元现金出资为基础线,折算为5股的出资方式享受成员资格;投资股主要是针对以较大现金或者资产为出资方式的个人、农户、企业或者组织,出资额一般不少于20万元(每位成员出资额折算股权比例数不能超过总股权量的20%),享受投资分红和业务优惠。如由农户60户以土地经营权共300亩入社,每股按800元折价,每1 000元1股,共240股优先股;16户农机户,每户以5 000元现金作为身份股入股,共80股;4名农民和个人投资者每人以20万元现金出资作为投资股成员,共800股;2家企业或者组织各以20万元现金出资作为投资股成员,共400股,合伙成立××农机专业合作社,合计股份总数1 520股,股东数量82人,其中,农民成员78名,个人成员2名,组织成员2名,符合《中华人民共和国农民专业合作社法》的规定。

综合农事服务中心成立时,在股权结构的设计之初,就可以使用以上方式构建,不同股份享受不同的分配政策,并在章程中明确定位。对于原有农机专业合作社在向综合农事服务中心转型过程中,应通过召开成员大会讨论增资扩股方案的方式进行。新的增资扩股方案要充分保障原有成员的利益不受大的影响。原来以机械出资的成员可以在不增加出资额和资产的情况下，以原有数量普通股，享受身份股成员的权利。

（三）分配方式的完善

在分配时，对优先股农户实行"保底收益+分红"方式，年终，首先将优先股农户的股份以每亩800元保底收益列入生产成本，并先行支付给农户。分红部分按全程托管农户的平均分红收益来计算，从可分配盈余的60%中提取。如当年没有盈余，则按全程托管农户的平均分红标准进行发放，全面保证此部分农户享受优先收益不受经营影响。普通股（身份股）农机户在分配时，按完成数量和协议作业价格列入成本，并按协议要求及时发放。年底时，享受可分配盈余不低于60%部分的分红（先行扣除优先股农户分红部分后），按各农机户作业量（额）进行分配。投资股个人或者组织在年终分配时，享受可分配盈余不高于40%的分红。以上优先股、普通股、投资股仍享受资本公积、盈余公积以及财政补贴投入部分按比例量化给成员的份额。如某1户农户以6亩土地经营权入股后，其仍愿参加农机作业，则需要另外以5 000元现金出资，增持身份股，才能享受统一分配的农机作业业务。如该农户自有资金愿意投入合作社运营，其可以现金出资方式入股投资股取得投资股收益。在分配时，该农户的3部分收益要分别核算，分别计发。

二、内设机构与基本职能分工

农机专业合作社在建立之初按照成立章程的有关要求建立了不同的管理机构，如成员大全（权力机关）、成员代表大会（代表机关）、理事长或者理事会（执行机关）、执行监事或者监事会（监督机关）等。这些机构都要按照合作社章程的规定行使职能并发挥作用，保证合作社正常、健康发展。随着农机专业合作社业务的不断发展，特别是向全程机械化综合农事服务中心的转型，要求其不断健全、完善内部的生产经营管理机构，完成成员大会确定的经营管理任务。那么，设立经理人就成为必然，经理人可以由理事长兼任，也可由理事会聘任，对理事会（理事长）负责，行使下列职权：

1. 负责本组织的生产经营工作，组织实施理事会决议；
2. 组织实施年度生产经营计划和投资计划；
3. 拟定经营管理制度，并组织实施；
4. 提请聘任或解聘经营管理人员和财务会计人员；
5. 聘任或解聘除应由理事会聘任或解聘之外的其他工作人员。

为保证综合农事服务中心生产经营的正常有序开展，特别是开展较大面积农业生产全程托管后，内部的管理业务和责任大大增加，建立相应的内部管理机构成为必然。综合农事服务中心一般应设立下列内设机构：综合部、财务部、生产及安全部、经营部等。

1. 综合部主要职责：依照章程规定和经理人授权，实行部门主管负责制。其基本职责是：①负责本组织综合计划、组织协调、员工人事管理、业务培训等内部事务。②负责本组织成员的管理和服务工作。③负责社务公开工作。④负责本组织理事会重要会议的组织工作。⑤负责本组织制度建设、信息化服务、档案管理等工作。⑥负责制订、实施本部门人员岗位责任制。

2. 财务部主要职责：按照章程规定和经理人授权，实行部门主管负责制。其基本职责是：①按照《中华人民共和国会计法》《农民专业合作社财务会计制度》和国家有关政策建立帐目，搞好会计核算，确保会计信息的合法性、真实性。②负责货币资金的管理、督促做好财产物资管理，确保资产完整。③负责制订实施财务管理制度，包括会计、出纳员、保管员岗位责任制，资金管理及费用开支制度，社务公开制度，档案管理制度等相关制度。④负责各种档案资料的管理，包括文书档案和会计档案。⑤负责本组织股金的筹集、使用和管理工作。⑥负责有关资金的筹措管理工作。⑦负责制订、实施本部门人员岗位责任制。

3. 生产及安全部主要职责：按照章程规定和经理人授权，实行部门主管负责制。其基本工作职责是：①负责按照年度生产计划组织生产托管工作。②负责本组织土地托管的生产管理、机械调度和机务管理工作。③负责本组织生产托管的生产安排、安全管理以及生产托管合同的签订。④负责本组织生产托管政策的订单式和套餐式农机服务标准的制订工作。⑤负责政府性和大型农机作业项目的招投标工作。⑥负责先进种子、化肥、农药和农机的推广工作。⑦负责生产技术指导、培训和技术咨询工作。⑧负责制定、实施本部门工作人员岗位责任制。

4. 经营部主要职责：按照章程规定和经理人授权，实行部门主管负责制。其基本工作职责是：①负责年度经营计划的制定，并及时掌握市场动态，谋划营销策略、实施营销宣传、拓展营销渠道。②制定本组织产品收购政策，并报理事会批准。③对内与组织成员签订收购产品合同，对外与销售商签订产品销售合同。④负责本组织所需农业生产资料（种子、化肥、农药、农膜）的采购和供应工作，确保货比三家、优质可靠。⑤按合同约定搞好合同履行兑现。⑥负责有关采购和销售纠纷的诉讼工作。⑦负责本组织产品的加工和品牌建设、维护工作。⑧负责本组织农机维修和配件点管理工作。⑨负责制定、实施本部门工作人员岗位责任制。

对于规模不大，业务相对简单的综合农事服务中心，可以将综合部与财务部合并设立综合部，生产及安全部与经营部合并为业务部，这样可以方便管理和提高效率。

三、规章制度与有关岗位职责

古人云："没有规矩，不成方圆。"制度建设是综合农事服务中心规范化运营的先决条件，也是其健康发展的保障。综合农事服务中心的制度建设应包括建立民主管理、民主议事、人事制度（含人员聘用制度、人员培训制度、绩效考核制度）、机务管理、财务管理（含投资及专项资金管理、效益分配制度）、设备设施管理（设备及配件采购、设备维护制度）、经营管理、安全管理（防火防盗制度、危险品管理制度）等制度，同时要建立成员管理台帐和资料报告制度，以及财务报表、工作总结的正常报送制度等。现金管理及开支审批制度和农业投入品采购制度例见附录一和附录二。

四、员工管理与薪酬体系管理

（一）岗位职责的建立与规范

综合农事服务中心作为一个生产经营性组织，要实现高效管理和运营并实现其经济目标，就必须形成规范的员工管理体系，建立相关岗位的职责分工。其有关岗位职责包括：车组长岗位职责、车辆驾驶操作人员岗位职责、仓库保管人员岗位职责以及管理人员岗位职责和出纳员、记帐员岗位职责等。车组长岗位职责和农机驾驶操作人员岗位职责的示例如下。

车组长岗位职责

1. 遵守单位规定，服从经理人工作安排和监督本车组人员的生产安全，对作业质量负总责。
2. 安排好班次和作业项目，作业前组织车组人员检查机具状态，保证机具达到作业要求。
3. 抓好车组人员技术培训，搞好技术练兵和技术传授。
4. 抓好车组人员思想品德教育，要热情服务，文明作业，在服务中树立好的形象。
5. 认真填写作业记录、机具档案记录，及时向统计核算、档案员人员报表。
6. 保管好零配件和修理工具，损坏或丢失由车组负责按价赔偿。
7. 调动机组人员积极性，参与农机具改造和革新，为适应本地的生产需要贡献力量。
8. 督促车组人员按时值班值宿。

农机驾驶操作人员岗位职责

1. 遵守单位规定，服从车组长工作安排，礼貌待人，文明作业，保证作业质量。
2. 遵守农机生产安全规则，确保安全生产，不发生人、机、具事故，对存在的安全隐患要及时报告，及时解决。
3. 不准酒后驾驶、操作和参加农业机械作业，不准在身体过度疲劳或患病有碍安全作业时驾驶、操作和参加农业机械作业。
4. 作业前要认真检查机具状态，保证用油、用水清洁。
5. 驾驶操作人员应达到"三懂四会"，努力学习业务，不断提高业务素质。
6. 作业前要对农机手进行质量和安全教育，讲明作业注意事项。作业中要经常观察农机手作业情况，保持作业联系。
7. 认真听取用户意见，详细解答作业技术要求和作业标准。要尽量满足用户的要求。
8. 认真填写当日作业单，由用户签字后，及时向车组长报告。

（二）人员的聘任与管理

综合农事服务中心的所有员工实行聘任制，经理人及有关重要管理人员由成员代表大会表决通过聘任。其他一般员工的聘任由经理人根据业务工作需要聘任和解聘。综合农事服务中心的综合部具体负责员工的聘任和解聘工作。组织内部的内设机构实行定岗、定编和定薪管理。固定岗位人员的增加需要经社务会议研究通过后执行。临时季节性人员的聘用，则需要内部各部门根据业务工作要求，提出用工计划，经理人同意后，由综合部执行。对新聘任人员要实行试用期和办理相关的入职手续。对因不胜任工作、不服从领导、工作出现重大失误的予以辞退处理。对于损害单位形象、盗窃公司财物、不遵守劳动纪律以及品行恶劣或者犯罪的给予开除处理。员工也可以因个人及家庭原因提出辞职。对于辞职的人员，应提前3个月提出申请，经理人批准后，办理完交接事宜后，综合部为其办理辞职手续。对自愿辞职、解聘及开除处理的员工应按要求办理离职交接手续，将未完成工作、管理的资产、材料和物资以及办公用品全部移交后，综合部为其办理相关手续。

综合农事服务中心在生产作业过程中，使用的车辆及操作人员实行临时聘任人员管理。所有的劳动合同分为固定期限劳动合同、无固定期限劳动合同、完成一定任务劳动合同和非全日制劳动合同。对于新聘任人员，一般为2年的固定期限劳动合同；对于续签劳动合同的人员，为4年固定期限劳动合同；对于连续2次签订固定期限劳动合同后续签的，为无期限劳动合同；对于季节性机械设备操作人员，一般为完成一定任务劳动合同；对于季节性及临时聘任人员，为非全日制劳动合同。劳动合同由综合部负责办理并存档管理。

特别需要注意的是：在季节性临时聘任人员使用上要特别慎重，非必须不聘用。因为一旦发生伤害或者意外劳动安全事故，花费的精力和财力都非常大。所以说，综合农事服务中心在运营过程中，凡是能够进行承包的劳务要全部以劳务承包的方式承包出去，并签订劳务承包协议，将安全风险排除出去，最大限度地降低安全责任风险。确实难以承包的，应给有关人员购入相关商业保险，防止发生意外。作业人员聘任合同（样本）示例见附录三。

（三）人员薪酬的设计和管理

综合农事服务中心的发展需要各方面的人才，既需要生产人员，也需要销售人员，更需要高水平的管理人员，因此，设计经营管理人员的薪酬（包括工资、奖金和福利等）体系是综合农事服务中心人力资源管理工作的重要内容。市场经济条件下综合农事服务中心的竞争实际上是人才的竞争。因此，合理的报酬可以起到吸引人才、留住人才和激励人才的作用。在确定经营管理人员的薪酬时，应当坚持科学性、体现公平性，把握现实性，综合考虑多种因素，制订量化结构体系，以利于具体操作。综合农事服务中心薪酬量化结构一般包括以下内容：

1. 基本工资，即保证经营管理人员基本生活开支需求的薪酬，不能低于当地政府规定的企业最低工资标准。

2. 岗位津贴，即经营管理人员在本岗位工作中所应享受的补贴性薪酬（如交通费、电话费、季节性等补贴），原则上按个人任职职务和业务的不同，统筹考虑分类、分档加以确定。

3. 缴纳保险，即根据法律、法规和录用合同明确的条款，由单位为工作人员缴纳基本养老保险金、基本医疗保险金、失业保险金等社会保险费，其基本标准按人社部门规定执行。

4. 奖励工资，即根据一定时期内工作人员的工作实绩，以及其对本单位生产经营所做的贡献，给予的奖励性薪酬。具体可通过年度、季度经营与效益实绩的考核或者履行岗位职责情况的考评，给予完成经营与效益目标任务或者考评称职的经理、部长、会计等专业技术人员，发放一次性奖金。对于超额完成经营与效益目标任务或者考评特别优秀者，可另行颁发物质奖励，其数额由理事会研究确定。

5. 其他工资，一般为加班工资等。因经营管理业务需要而加班的，须由部门主管批准并报经理人签批后进行，加班费标准执行劳动法有关规定，各部门在月末或者季节结束提报综合部复核后，由财务部发放。

确定工作人员的薪酬、构建合理的薪酬体系，应当坚持因地制宜、因时制宜的原则，总体把握"死工资"占小头，"活工资"（岗位津贴、奖金）占大头的原则，构建有利于调动工作人员积极性、主动性和创造性的薪酬体系。

有关人员的工资标准及绩效发放办法如下：

生产及安全部业务人员：基本工资×××元（每月保证出勤25天），按管理全程托管每亩计发管理费20元，半托管5元标准，分批兑现。分区域制订不同的考核标准，连续2年达不到标准的，解除合同；1年达不到标准的，管理费按一定比例发放。

业务员：基本工资×××元（每月保证出勤25天），按作业项目不同，计发每亩3~5元管理费，分批兑现。订立促销业务，按任务完成情况发放奖励工资。

季节性机械设备操作人员：分工种、作业任务情况，按日发放或者按作业量计发作业费，并签订作业合同。

第二节 机务管理

加强机务管理对保持机械状态完好，延长农机使用寿命，提高农机利用效率和经济效益，促进节能减排、保障农机安全、绿色、高效生产具有十分重要的意义。随着综合农事服务中心等新型农机社会化服务主体的发展，农机服务组织化程度不断提高，农机具存放条件不断改善，对加强机务管理的要求日益迫切。综合农事服务中心要牢固树立"防重于治、养重于修"的理念，强化责任落实，安排专人负责，切实加强机务管理工作。

一、机务管理的基本任务

机务管理的基本任务是：运用行政、规章、经济、技术等措施，对农业机械选型、配套、使用、维修和更新进行综合管理，提高和改善农业机械技术状态，保证其优质、高效、低耗、安全地完成农业生产任务，并取得良好效益。

二、农业机械的合理编组

机具编组是根据具体的自然条件和生产条件,对参加作业的动力机械和配套机械进行合理编组,使动力机械的效率充分发挥,并能够有效降低油耗等物化成本,实现安全生产和作业质量双保证。

1. 机组的种类:农业动力机械连接着农机具进行作业的整体叫做机组。它可以分为以下几种:

(1)固定机组:机械在固定地点,带动各种作业机,进行抽水、脱粒、烘干等固定作业。

(2)移动机组:动力机械配套农机具进行耕、耙、播、收等行走作业。

(3)单式机组:机械只配套1种农机具从事作业。

(4)复式机组:机械配套2种以上农机具同时完成几项作业。

2. 编组原则:一是满足农业生产的各项技术要求。二是充分利用机械的牵引力,在单位时间和农时季节内,以最少的消耗,完成更多的工作量。三是能够合理匹配上、下游作业项目,形成机械编组的流水化作业。四是保证人身和机具的安全。

三、常用移动机组田间作业技术运用方法

开展机械作业前,应根据作业计划确定作业方案,包括作业要求、完成日期等,并落实到机组。

农业生产受自然条件的制约,而自然条件千变万化,同时,机器也可能会发生故障。因此,制定作业方案时,都要予以充分考虑,留有余地,这对播种和收获等季节性很强的作业尤为重要。

(一)耕地作业

1. 耕地前要明确任务,对待耕的每块地都要进行勘察,了解耕地的道路、地形、地物、分布和面积大小、土壤墒情等情况,对田间的障碍物应做好明显的标记。

2. 为了保证作业质量和机具安全,应在地头划出地头线,留出转弯地带。地头长度可根据机组的大小而定,一般为机组总长的1.2~1.5倍,并为机组幅宽的整倍数。

3. 耕地方法常见的有内翻法和外翻法两种。内翻法第一犁在地块中央开始,犁垡向心,中间出现一条扶脊,造成土地不平,影响灌溉。解决的办法是在内翻开始前,在开垦线上先外翻一个往返,在中间形成一道沟,然后再向内翻复耕一次,直到地块耕完。外翻法是第一犁在地块的一边开始下犁,另一边回犁,犁垡向外,耕完后在中间形成一道沟,常用内翻法在中间复耕一次。这种消灭垧沟扶脊的办法,虽然多犁了一趟,但扶脊和垧沟缓和分散了,便于平整土地。

(二)耙地作业

1. 直耙法:直耙法又分横直耙和顺直耙。横直耙能推平高堆,填平凹坑,使地面更

为平整,但机组行走较困难,颠簸不稳。顺直耙的优点是机组行走容易,但平整土地的效果较差。

2. 斜耙法:耙地的方向与耕地的方向成45°角。斜耙完毕后再绕地一圈,将地头地边耙一遍。它综合了横直耙和顺直耙的优点,耙完一遍等于两遍,碎土、平地效果好;空车行程少,是一种常用的耙地方法。但在比较小的地块和不规则的地块应用存在困难。

(三)播种作业

播种作业是农机作业中的关键性作业环节,要求播量准确、均匀,深浅一致,垄条要直,行距宽窄一致,复土镇压良好,不重不漏。

1. 地头转弯地带的宽度一般为机组宽幅的3~4倍,地头起落线要明显。悬挂式播种机可适当缩短。

2. 大地块分小区套播,要测量正确,不留斜心,第一趟要插标杆,力求开直。如果地边不直,可留出一定距离,插杆冲直,最后补播。

3. 播种方法分为向心法、离心法、套播法三称。离心法、向心法分别与耙地内翻法、外翻法相同。这些播种方法比较简单,只需要在一边安装划印器,缺点是地心或地边常出现重播或漏播现象。

套播法是在大面积土地连接多台播种机时使用。播前先划出比播幅宽3~4倍的小区,往复一次跨两个小区。这种播种法空行少,容易转弯;缺点是量地划区比较麻烦,若掌握不好,地心也会有重有漏,且播种机还要装两个划印器。

(四)收割作业

1. 收割前田间准备工作。

(1)地块中的田埂、凹坑、沟渠等应平掉,砖、石等障碍物应清除干净。

(2)在地块中的电线杆、坟堆、井口、树木等周围,应人工割出宽度为2米的圆环形空地。在水井等不明显的危险地段应设明显标记。

(3)用机器或人工割出机组回转地头,其宽度不应小于5米。

(4)机组进出地块的道路要垫好,道路宽度应能保证机组安全、顺利通过。

2. 机组作业运用方法。

(1)根据作物密度和产量高低适当选择行进速度。同时,看作物倒伏情况及风向,确定收割路线,一般逆倒伏方向收割。

(2)收割前,机组要对正作物,接通动力平稳起步,待接近作物时,将机组提高到正常转速,开始收割。

(3)收割时精力要集中,力求开直,不能左右摇摆,油门要稳,不可忽大忽小。

(4)收割中遇到田埂或过沟时,要适当掌握割台高度,既要防止扬头割掉作物,又要防止割刀吃土。

(5)机组到达地头时,要在割完作物后,升起割台。地头转弯时速度要慢。

（6）收割运行方法一般采用周围割法，从地块的右边或左边进入，到地头后绕到地块左边或右边返回，向心依次收割，直至割完。

四、常用农机作业项目质量要求

农机作业质量标准是农机化作业标准的重要内容，是为满足不同农艺要求而制订的。综合农事服务中心在生产托管过程中，应根据不同农艺要求，调整相应作业标准，以满足农业生产需要。这些标准也作为生产托管的质量标准，以保证作业质量和规范机手作业行为。主要农机作业项目质量标准如下：

（一）深耕作业质量要求

根据农艺要求确定，深耕作业在适宜的农时期限及良好的墒期进行；达到规定深度，一般为26～30厘米；覆盖严密，垡片翻转良好，无立垡回垡，地面的残茬、杂草及肥料覆盖率应达90%以上；耕作线直，50米内直线度误差不超过15厘米；地头整齐，不漏耕，不重耕，到头到边；耕后地表平整，土壤松碎；开闭垄作业方法交替进行，不得多年重复一种耕翻方向；铺膜或茬高、杆多的地块，先回收残膜和灭茬后耕翻。

（二）深松作业质量要求

作业深度应达到25厘米以上。以打破犁底层为原则，误差在2厘米以内。全面深松的行距为30～50厘米，间隔深松一般为70厘米。

单一深松作业要求基本无漏松，深浅基本一致；其他作业模式要求做到田面平整，土壤细碎，基本没漏松，深浅基本一致。

深松深度合格率＞85%，深松行距合格率≥80%。

（三）小麦精少量播种作业质量要求

1. 播行直。在50米播行内直线度误差≤8厘米。
2. 行距一致。在一个播幅内行距偏差不超过1厘米，50米内交接行距偏差：密植作物不超过2厘米，中耕作物不超过8厘米。
3. 播量准确。实测下种量与规定下种量的偏差，小麦种子≤3%。
4. 下籽均匀。播幅内各播行下种量偏差≤6%。
5. 播深适宜。实际播深与规定播深的偏差：当规定播深为3～4厘米时，偏差≤0.5厘米，当规定播深为5～6厘米时，偏差≤1厘米。
6. 覆土严密，镇压确实，无浮种。

（四）小麦联合收获质量标准要求

收获应在小麦蜡熟期或者完熟期前进行。作物不倒伏，地表无积水，籽粒含水率为10%～20%，茎秆含水率为15%～25%。

1. 损失率：≤2.0%（全喂入式），≤3.0%（半喂入式），≤3.0%（背负式）。

2. 破碎率：≤1.0%（全喂入式），≤1.2%（半喂入式），≤2.0%（背负式）。

3. 含杂率：≤2.0%（全喂入式），≤2.5%（半喂入式），≤2.5%（背负式）。

4. 清选率≥98%。

5. 还田茎秆切碎合格率（仅适用于有茎秆切碎机构的联合收割机）≥90%。

6. 还田茎秆抛散不均匀率（适用于只有风扇清选无筛选机构的联合收割机）≤10%。

7. 割茬高度≤18cm。

8. 收获后地表割茬高度一致，无漏割，地头地边处理合理；地块和收获物中无明显污染。

（五）玉米免耕播种作业质量要求

1. 种子机械破损率≤1.5%；

2. 播种深度合格率≥75%；

3. 施肥深度合格率≥75%；

4. 邻接行距合格率≥80%（邻接行距行的偏差≤6cm为合格）；

5. 晾籽率≤1.5%；

6. 粒距合格率≥95%；

7. 种肥间距合格率≥90%（种肥间距＞3cm为合格）；

8. 漏播率≤2.0%；

9. 重播率≤2.0%；

10. 地表覆盖变化率≤25.0%。

地表平整、镇压连续，无因堵塞造成的地表拖堆。

（六）玉米联合收获作业质量要求

1. 玉米果穗收获作业条件：籽粒含水率为25%~35%，植株倒伏率＜5%，果穗下垂率≤15%，最低结穗高度＞35cm。

2. 玉米果穗收获机作业质量：总损失率≤4.0%，籽粒破碎率≤1.0%，果穗含杂率≤1.5%，苞叶剥净率≥85%，留茬高度≤10cm（地面平整），还田秸秆合格粉碎长度≤10cm，合格率≥85%，穗茎兼收茎秆切段长度合格率≥80%，茎秆无油污染。

3. 玉米籽粒收获作业条件：籽粒含水率为15%~25%，植株倒伏率＜5%，最低结穗高度＞35cm。

4. 玉米籽粒收获机作业质量：总损失率≤5.0%，籽粒破碎率≤5.0%，籽粒含杂率≤3.0%，留茬高度≤10厘米（地面平整），还田秸秆合格粉碎长度≤10厘米，合格率≥85%。

（七）花生联合收获作业质量要求

花生联合收获作业质量要求见表4-1。

表4-1 花生联合收获机作业质量表

项 目	指 标	
	自走式花生联合收获机	悬挂式花生联合收获机
埋果损失率/（%）	≤2.0	≤2.0
破碎率/（%）	≤1.0	≤1.0
裂口率/（%）	≤1.5	≤1.5
地面落果率/（%）	≤3.0	≤3.0
含杂率/（%）	≤3.0	≤5.0
摘果损失率/（%）	≤1.0	
机收污染	无污染	
作业后田块状况	作业后地表较平整、无漏收、无机组对作物碾压、无荚果撒漏	

五、油料、配件、材料的管理

综合农事服务中心在生产过程中所需要的油料、农机配件、各项材料是保证正常生产所必备的，要细化管理要求，严格管理。其主要管理要求如下：

（一）油料的管理

1. 对于采购存放的各类油料要分清牌号，按类存放，注意用油安全，管理人员应掌握各种油料性能，辨别标号和分类，不得混用或错用。

2. 各种油料进出必须手续齐全，帐物相符，按规定加油，计量准确，车组领取后签名或盖章。

3. 必须做到缓冲卸油、浮子取油、三级过滤、二级沉淀，保证副油有搅拌器，柴油有加注器，机油有加温沉淀装置。

4. 油库必须安全可靠，门窗牢固，防火设备齐全，且不准随意乱动。

5. 油料库区内严禁有明火，且严禁吸烟，车辆加油要熄火进行加油，加油后，离开油库50米外，熄火保养。

6. 装油容器和加油工具要保持清洁，搞好废油的回收和再利用，要积极推广好的节油经验。

（二）农机配件、材料的管理

对于配件及各类材料应加强进、销存管理。入库和领用，应办理检验登记手续，做到账物相符，定期盘点。配件、材料可根据保管技术要求，摆放整齐，定期维护，防止腐蚀生锈、受潮变质或受压变形等现象发生。

仓库管理要科学化，物品存放规范化，即特殊物品特别存放，按类别性质，划定存放区域，分类保管。材料及零部件保管要做到物清、质量清、用途清。存放物品状态达到"四保"，即保质量、保数量、保生产、保安全。

仓库的收发料流程如下：

1. 收：供应商—进料数量（质量）验收—进料品质验收—是否合格（不合格退给供应商）—入库入帐—表单的保存与分发。

2. 发：生产命令或者领料单—发放物料—物料交接—帐目记录（表单的保存和分发）。

收发料的要求：①仔细核对有关单据和凭证，按单据准确收发。②对于危险物品的发放，要根据其性能要求检查容器和运输方式，不合要求的拒绝收发。③对于所有物料的收发，仓库保管员都要填清实际数量和价格。

（三）机具送修、竣修管理

机械在送修和竣修时，交接双方要共同检查验收和填写技术档案，清点工具、备件及附属设备，办好交接手续。

第三节 农业生产全程托管管理

开展农业生产全程托管业务是综合农事服务中心当前和今后一个时期新的经济增长点，因此，应着力抓好农业生产托管业务的全过程管理。

一、生产托管项目的考察调研与论证

农业生产是一个复杂的过程，受多方面的因素影响，其中，尤以自然条件的土壤、气候、光照、水体的影响最大。再加上各地的乡风民情差异，农业生产托管项目受到不少的外部不可控因素的制约，因此，对农业生产托管项目要做好前期的考察调研和论证工作，为后期的决策和生产提供准确的资料。

（一）运用科学的方法收集考察托管村有关资料

综合农事服务中心应按照农业生产全程托管的需要，运用实验法、观察法、调查法等常用方法收集被托管方的有关资料。

被托管村的基本情况资料包括被托管村地理位置、范围及四邻村庄情况，地形地貌特征、河流水系分布、地质条件、自然灾害情况、人口情况、劳动力情况，农民收入情况，以及村庄民情及环境。

被托管村土地及土壤基本情况资料，如面积资料、地势情况资料、种植习惯及作物生长资料、土地产出及产量情况资料等。特别要注意收集当地水资源及水源情况资料。

（二）组织实地调查

组织综合农事服务中心相关人员或者邀请有关方面人员对托管村及土地情况进行实地调查。需要调查收集被托管土地的详细资料。通过走访当地乡镇有关部门和相邻村及村民，了解土地有无纠纷等情况，特别注意应详细丈量土地，了解地势、标清土地四至，并把路、水源、水井、电力设施、生产基础设施情况，进行详细标图，如没有现成资料，要邀请有关机构制作详细文字和图画资料。

（三）拟定托管分析报告

组织人员对获得的信息和各类资料进行统计分析和统计整理。使前期收集的各类资料达到准确、系统、及时、有针对性，并满足分析报告可预见性和可规划性的要求。通过分析整理，初步形成一份较为详细的可行性分析报告，把生产托管项目的有利因素、不利因素搞明白，把托管过程中可能发生的问题和困难一一列出来，把托管完成后的预测效果一一分析出来。再提出基本的经营思路、行动方案和下一步的探讨重点。对项目较小的情况，可以省略分析报告。

托管项目可行性分析报告应包括的基本内容如下：

1. 题页。点明报告的主题。题目应尽可能贴切，而且能够概括性表明调研项目的性质。

2. 目录表。

3. 调研结果和有关建议的概要。这是整个报告的核心，要点明调研的结果。有关建议的概要部分包括必要的背景、信息、重要的发现和结论，还要提出一些合理化建议。

4. 正文（主体部分）。主要是项目建设的必要性和可行性分析，应包括：项目背景及基础条件，项目建设的有利条件，项目建设的必要性，项目单位的基本情况，项目地点选择情况分析，项目建设目标，项目建设内容，项目的投资概算和资金筹措，项目建设期限和时间安排，土地、规划和环保等有关政策限制情况或者要求，项目的组织实施、管理和运行，项目的效益分析和风险评估。

5. 项目结论和建议。

6. 附件。

（四）对托管项目进行可行性分析论证

邀请有关专家、当地农民、当地县（镇）政府人员、种植技术人员、合作社成员等人员参加项目论证会议，对项目可行性研究报告进行研讨，广泛听取各方面意见，补充和完善可行性研究报告的内容，并可在研讨交流的基础上形成项目实施建议报告，为托管协议签订和以后的生产种植提供意见支持。对存在有较大争议和不利因素较多的项目，要进一步与有关方面特别是托管村协商，督促相关村土地股份合作社解决后，再组织项目实施或者否决。

（五）与托管村土地股份合作社商谈签订托管协议

农业生产托管是现代农业中的新事物，在生产托管过程中，对托管内容、服务标准、服务质量、服务价格等方面还没有形成较为统一的标准和格式，往往会由于对托管内容及服务标准的理解不一而产生较多的纠纷。因此，在进行农业生产托管时要进行充分协商，本着"托管自愿、有偿服务、风险共担、利益共享、形式自由"的原则，对协议内容能明细的尽量明细，能列明的条件和标准要一一列明，如相关权利、义务和分配方式等，以防止产生歧义而产生纠纷。同时，对于农业生产的基础设施建设，如水源、电网、路网等基本的生产条件，由于单靠综合农事服务中心一家投入，可能资金有限，因此，部分水、电、路的基础配套，被托管村集体和村土地股份合作社也可承担部分投入，并将有关承诺写入协议。对于在合作托管过程中产生的矛盾和问题，合作双方要本着互谅互让的原则，有问题协商解决，避免激化矛盾，并在合作中不断完善相关协议，共同提高合作水平。由于农业生产托管不同于一般的农业服务，往往前期投入较高且还需要较长的时间才能体现出综合效益，因此，协议签订的时间一般不能少于3年。农业生产全程托管合作服务协议示例见附录四。

二、全程托管项目的前期准备

（一）对托管项目土地进行整体规划

长期以来，由于农村形成了以农户单户经营为主的经营方式，造成农村土地零散、分散，地力情况不一，水利基础设施严重落后，林网、田间路、电网配套严重不足，给机械化生产造成很大障碍。因此，对全程托管的土地进行整体规划和改造升级非常必要。托管农田建设规划的目标是："田地平整肥沃、水利设施配套、田间道路畅通、林网建设适宜、科技先进适用、优质高产高效"。通过规划建设，消除制约农业生产的关键障碍，增强其抵御自然灾害能力，稳步提高粮食综合生产能力，基本达到旱涝保收、高产稳产的目标。此项工作可以邀请自然资源与规划单位对托管土地进行整体规划，也可邀请相关农业专家给予协助。通过规划，形成一个方便实施的土地整治计划，分步实施。如条件允许，可以申请参与农业农村主管部门的高标准农田建设项目，借力发展。

（二）筹资进行基础设施建设

综合农事服务中心在取得全程托管权利后，为保证农业生产的高效进行，需要根据土地规划有步骤地组织部分基础设施建设。进行如打井、修路、开渠、平沟、通电等工作，目的是保证机械化作业的进行和必要的生产条件，进而保障生产托管项目的进行。具体的项目可以依据资金条件分步组织实施。可以将原来的种植单元重新划分，确定一定规模的种植单元，将生产路、水井、灌渠进行配套建设。资金宽裕时，可以对土地进行大面积平整和整理。基本要求是能够满足全程机械化生产所需的必要条件。如果受投资所限，基础设施和配套建设应由综合农事服务中心与托管单位共同协商，提出分步建设计划。对于长期发挥作用的设施，如道路、水井等，可以采用综合农事服务中心垫付资金先期投入建设，然后从村土地股份合作社分成资金中分期收回的方法来处理。另外，综合农事服务中心应对托管项目土壤进行全面测土试验，并根据测验结果确定下一步配方施肥方案。

（三）市场调研与生产项目的确定

通过市场调研确定种植计划并与托管村土地股份合作社沟通，收集和整理适宜当地生产的主要农作物和品种；进行市场调研，通过询问法、观察法、实验法等市场调研方法来收集相关资料；通过市场预测进行定性预测和定量预测，得出相对科学的结论，确定将先进水平的农产品、具有发展前途的农产品、具有特殊优势的农产品或者具有标准化特点的农产品纳入种植计划。在与村土地股份合作社沟通协商后达成种植协议。

三、全程托管生产的科学组织与管理

（一）全程托管生产的计划管理

生产计划是生产活动的行动纲领，也是组织依据。种植生产计划就是将年内种植的各种农作物所需要的各种生产要素进行综合平衡，统筹安排，以保证年度计划目标的落实。生产计划的主要内容有耕地发展和利用计划、农作物产品产量计划、农业技术措施计划和农机作业计划等。

农业技术措施计划是生产计划中最重要的组成部分。主要包括土壤改良和整地计划、农田基本建设计划、种子计划、播种施肥计划、化学灭草及植保计划和灌溉计划等。现对其中几项做简要介绍。

1. 灌溉计划。编制灌溉计划，是根据本年度种植计划、生育期灌溉水定额、水资源供给量、降水及土壤墒情等，进行综合平衡。具体做法是：首先根据各作物的播种面积和常年在各生育期的灌水定额，计算各月的需水数量；然后与水源可供量进行平衡。

2. 播种计划。播种计划是分配作物播种面积、播种量、播种时间、播种顺序、播种方法、质量要求、种子处理、种肥使用量等的计划安排。

3. 施肥计划。主要根据作物的需肥种类和数量、土壤肥力状况，来确定需补充投肥的种类和数量，以保持土壤肥力的永续性。其计划指标有：施肥面积、施肥种类、施肥量、施肥方法和施肥时间等。

生产计划的制订方法主要有综合平衡法、定额法、系数法、动态指数法和线性规划法，等等。其中，综合平衡法是编制计划的基本方法。种植业生产涉及各种作物的合理搭配，以及生产任务与生产要素的平衡，计算各种生产要素的可供应量与生产任务的需要量，主要是通过比较，找出余缺，进行调整，实现平衡。

通过以上的生产计划编制，实现对生产过程中的各类物资需求、产品产出以及有关生产作业量形成较为详细的工作计划，为指导生产和物资采购以及产品销售提供支持。

（二）全程托管生产全过程的组织管理

农作物的生产过程是由许多相互联系的劳动过程和自然过程相结合而成的。劳动过程是人们的劳作过程；自然过程是指借助于自然力的作用过程。种植业生产过程，从时序上包括耕、种、田管、收获等过程；从空间上包括田间布局、结构搭配、轮作制度、灌溉及施肥组织过程。各种作物的生物学特性不同，其生产过程的作业时间、作业内容和作业技术均有差别。因而，需要根据各种作物的作业特点、采取相应的措施和方法，合理地组织生产过程。

1. 生产过程组织应遵循的原则。

（1）时效性原则。就是一定要严格按照生产计划组织生产，按时完成作业任务，提高劳动的时效性。

（2）比例性原则。就是合理搭配作物品种和作物类别，缓和资源使用的季节性矛盾。

（3）标准化原则。指对每项农作物都要制定规范性的作业标准，严格按作业标准进行田间操作。

（4）安全性原则。指农业生产要注意保护劳动者和劳动资料的安全以及资源的可持续利用，防止各类安全问题发生。

（5）制度化原则。指生产过程的组织需要有相应的制度保证，建立健全各类制度，如病虫害防治制度、作业日历制度、岗位责任制、生产责任制和承包责任制等。

2. 生产组织的时间组合。

种植业生产的时间组合，也称为轮作种植，是指在同一块地段上，不同时间的轮流种植，以充分利用土地的生产时间，增加光能利用率，提高土地的生产效能。

作物生产的时间组合要求：一是因地制宜。作物复种、轮作、套种，要能提高土地利用率，增加单位面积的生产量。二是合理搭配，即作物轮作搭配能适应种植计划要求，能更好地满足市场需求和自身需求。三是时间协调。作物轮作能形成最好的相辅相成关系，达到时间协调，肥力互补，能提高劳动生产率和成本产值率。四是有利于多种经营。解决劳动力闲置问题，并提高合作社整体效益。

3. 种植业生产组织的空间布局。

作物生产的空间布局，也称地域种植安排。它是指各种作物在一定面积上的空间分布。按地块的土壤性状、地块位置以及交通和管理的需要等内容严密搞好农作物的布局计划。布局要求一是要完成合同订购任务。二是要符合当地的生产和自然环境。三是要尽可能成方连片，便于机械化作业和田间管理。例如：根据不同要求合理划分鲜食玉米、青贮玉米、黄贮玉米及粮用玉米的不同布局，实现机械合理使用和效益最大化。

4. 农业生产单元的划分和机械配套。

首先是划分机械作业单元，根据各地区不同作物及自然条件，将托管任务按500亩左右为基础，划分方便作业和管理的机械作业单元。每个作业单元确定1名管理区农机作业负责人，全权负责本作业区农机作业的生产指挥和落实工作。作业区负责人优先从综合农事服务中心成员中选聘，对管理区农机作业负责人不发放固定工资，而采取作业费补助方式。要求其对农机作业和农业生产非常熟悉，最好本人是农机大户并自有部分机械，能够完成主要耕种收等作业项目。作业单元在生产中所需要的相关配套机械由管理区农机作业负责人优先从成员机械中选择并进行自由组合，形成一个区域性相对稳定的作业团队，并进行合理编组。每个作业单元与综合农事服务中心签订有关协议，落实有关责权利。

每个作业团队（500亩作业量）的基本机械配置如下：

（1）150马力①以上拖拉机1台（配套动力）。
（2）504拖拉机1台（配套动力）。
（3）小麦播种机1台（3天完成作业）。
（4）大型翻转犁1台（3天左右完成）。
（5）6行玉米播种机1台（3~5天完成）。
（6）自走式大型植保机1/4台（2~3天完成）。
（7）植保无人机1/4台（2~3天完成）。
（8）小麦联合收获机1/2台（3天左右完成）。
（9）玉米联合收获机1台（5天左右完成）。
（10）盘卷式喷灌机2台（7~15天完成）。

5. 区域监管巡查员的建立与监管流程。

根据托管村庄和地域的情况，约每2 000亩设立一个区域农情监管巡查员。其基本职责是：监督区域农机作业负责人的农机作业完成情况、作业质量情况、生产资料及物资的使用情况，及时发现质量问题并予以纠正；监督和检查区域内作物生长情况，每3天对所管区域的作物生长情况巡查一遍，并将巡查情况报生产部，如发现问题，要及时联系业务技术专家与生产部长共同查看情况，并提出处理意见，然后由生产部编制生产计划，下达给有关区域作业负责人实施作业；作业完成后监管巡查员复核作业效果，并循环往复。对监管巡查员采取基本工资+业务量（每月×××元+每亩20元管理费）发放工资。小麦和玉米生长期全过程监管内容如图4-1和4-2所示。

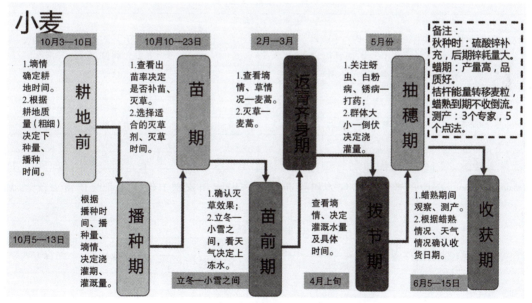

图4-1　小麦生长期全过程监管内容流程图

---

① 1米制马力=735.5W；1英制马力=745.7W。

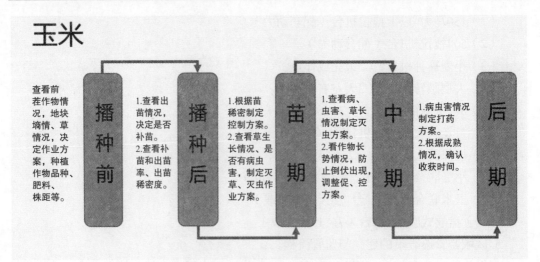

图4-2 玉米生长期全过程监管内容流程图

6.主要农机作业项目管理流程。

（1）农机开展耕、播、植保等作业时，区域农机作业负责人领取当天所需要生产资料及有关材料，仓库及财务部门人员填写有关物资领取单，作业负责人签字后，统一配送到作业地块。当日作业完成后，农机作业负责人填写当日作业单（见表4-2和表4-3），村土地股份合作社管理员和区域巡查员现场监督并签字后，上交生产部，集中签字后报财务入账。

表4-2 农机作业单

作业区域情况									
作业日期	作业地块	作业环节	作业机械	亩数	单价（元）	小计		结算时间	村管理员签字
	××村	玉米播种	播种机					收获结算	
			还田					收获结算	
农资到货明细									
种子		数量	规格	金额	小计		是否退回	退回数量	验收人
化肥		数量	规格	金额	小计		是否退回	退回数量	验收人
机手作业信息表									
作业人	作业机械	作业亩数	作业质量 每项10分					作业日期	结算方式
			种肥投入	种肥播量	服务态度		出苗质量		
									收获后
									收获后
									收获后
									收获后
监督人意见：					监督人签字				
本表格由巡查员签字结算作业费。					制表人：				

注意：本表格1式2份，被作业单位留存1份，作业人带回单位1份。以本单据做为结算依据。

表4-3 植保作业单

营业收入情况								
作业日期	作业地块	作业环节	作业机械	亩数	单价	合计	收入类型	经办人
药品信息		合作社提供□		作业人自带□		小计	备注	
药品功效/名称		亩/金额						
药品功效/名称		亩/金额						
药品功效/名称		亩/金额						
机手作业结算信息								
作业人	提成/人工单价		亩数/工时数	小计		作业扣款	实际应付金额	
本表格由巡查签字结算作业费。						制表人：		

注意：本表格1式2份，被作业单位留存1份，作业人带回单位1份。以本单据做为结算依据。

（2）农作物收获作业时。为加强对收获粮食的管理，综合农事服务中心选择就近地块的一家中心地磅为中心点，办理收获粮食的过磅业务。财务人员在地磅现场监督，并填写过磅单。早上，所有租用的运输车辆到地磅集合，统一编号，由作业负责人现场领车。地头装车后，作业负责人现场填表、有关人员签字、拍照后，将信息发给地磅财务人员，要求运输车辆15分钟内必须到达地磅处。如没有按时到达，巡查员要第一时间介入调查原因，防止发生中间流失。车辆过磅后，直接送交粮食收储公司，收回有关过磅凭单。由财务与收储公司据此结算。并将结算资金转村级土地股份合作社。小麦收获期监管环节流程图如图4-3所示。

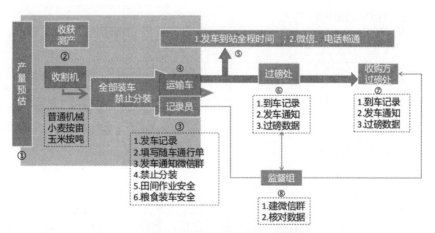

图4-3 小麦收获期监管环节流程图

运输车辆监管流程图如图4-4所示。

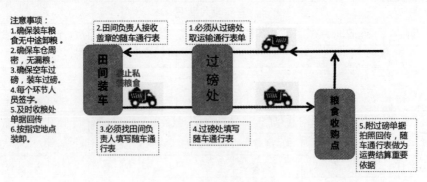

图4-4 运输车辆监管流程图

（3）在当季收获结束后，财务部根据当季分作业项目和成本明细形成当季作物托管费用确认表（见表4-4和表4-5），并与相关村土地股份合作社进行核对，核对无误后，双方签字认可，并记入财务帐。

表4-4 小麦季全程托管收入与费用确认表

作业村庄：　　　　　　　　亩数：

作物	日期	内容	作业亩数	日期	村负责人确认	合作社经办人	备注
小麦季	保险	小麦保险费					
	整地	还田作业					
		镇压作业					
		旋地作业					
	基本费用	犁地播种作业					
		小麦种子					
		小麦复合肥					
		除草/灭虫作业					
		小麦收获					
	灌溉费	小麦保苗浇水					
		小麦上冻水					
		小麦返青水					
		小麦拔节水					
	追肥增产	追肥作业					
		增产二遍					
	土地成本	土地成本					
	收入	小麦销售					
		农支地保					
		保险收入					

说明：此表当季完成后双方进行核对确认，1式2份，各自记入财务。

表4-5 玉米季全程托管收入与费用确认表

作业村庄：　　　　　　　　亩数：

作物	项目	内容	数量/亩数	日期	村负责人确认	合作社经办人	备注
玉米季	保险	玉米季保险					
	还田	还田旋地作业					
	基本费用	玉米播种					
		玉米播种-种子					
		玉米播种-化肥					
		玉米季 灭草虫					
		收获费-青贮/收棒/籽粒					
	灌溉费	玉米季浇水					
	增产	增产二遍					
	土地成本	土地成本					
	收入	玉米销售收入					
		保险收入					

说明：此表当季完成后双方进行核对确认，1式2份，各自记入财务。

（三）全程托管生产的技术管理

农业生产与其他社会发展一样，依靠两个"轮子"：一个是技术，一个是管理。开发和使用新技术的能力已经成为一个单位竞争力的关键所在。加强技术管理具有十分重要的作用，能够提高产品和服务的竞争能力，满足消费者的需要，提高劳动生产率并促进技术进步。因此，综合农事服务中心应加强其科研开发和技术改造，促进产学结合，形成技术创新机制，走集约化和可持续发展的路子。一是要关注新技术。首先应该有关注农业新技术、新机具的意识，理解技术对生产经营的重要性。其次，应该通过不同渠道了解新技术、新机具，通过书籍、报刊、杂志等传统新闻媒介了解技术发展动态；参加农业科技成果发布会，与行业专家、科研院所、高校进行技术协作；通过互联网了解最新的社会经济动态等。对无土栽培技术、作物新品种、设施农业技术、生物防治技术、灌溉系统技术、病虫害防治技术、农机新机具新技术等方面要重点加以关注。二是要积极应用新技术。在应用新技术之前，首先应该经过详细调研，询问专家意见，论证新技术与自身情况的适应性、新技术能带来的效益以及新技术的可持续性，避免人云亦云，只考虑新颖而不考虑是否适合本地生产。在引进新技术时，一定要辨别技术真伪，只购买和引进获得国家技术认证的产品和技术。其次，还需要考虑引进该技术的成本，如果预期效益远低于付出成本，则不应引进。在应用试验技术时，应该遵循引进、试验、示范、推广的顺序。在获得较好的成效后，再进行推广，不应该在引进初期就大规模应用。三是要建立技术专家咨询团队。长期聘请种植和机械方面的专家提供技术指导和专家咨询，一般，聘请农业技术推广方面的专家1~2名，农业机械使用方面的专家1~2名，农业政策方面和信息化方面专家1~2名。专家团队为综合农事服务中心在全程托管的农业技术、农机技术和信息化监控提供咨询。通过农机、农艺、管理和信息等方面的有效整合，达到农业生产中全面实现作物生产的农艺标准化、生产机械化、投入品规范化，实现稳产、高产、优质、高效的目标。

四、全程托管生产过程的风险控制

农业生产和工业生产不同，天然存在着风险高的特征。对于综合农事服务中心来说，随着经营规模的扩大，风险也在相应增大，必须建立良好的风险防控体系，重点防控好自然风险、病虫害风险、市场风险、制度风险和社会风险等五大风险。

（一）自然风险

农业区别于工业的最大风险就是自然风险。农业是从自然界获取劳动成果，因此，农业基本无法避免自然风险，只能通过避灾救灾减少损失。比如播种时的土壤干旱，如果没有灌溉条件，则可能错过农时无法播种。再比如，农作物生长过程中的旱涝、冰雹、冷热灾害随时会发生，处于成熟季节的农作物，也会因冰雹等突然的恶性自然灾害而导致大幅减产甚至颗粒无收。防范自然风险，国家有政策性保险制度，虽然还不是很完善，但是可以提供基本的风险保障，综合农事服务中心要注意运用好这一政策。同时，还应当考虑农业种植商业保险。当然，一些农业技术措施也可以起到一定的防控作用，要以防为主，防患于未然。建议托管组织以整体托管作物为标的，集中参加小麦、玉米附加商业险，并与保险公司细化保障内容。

（二）病虫害风险

小麦、玉米的流行病害或者易发的虫灾，往往导致产量极大损失。对于严重发生的小麦吸浆虫、玉米黍虫等，若防控不及时，将导致产量损失极大。在植物疫病风险的防控上，要有严格的技术管理和持之以恒的严密监控，一旦出现麻痹，往往造成严重损失。在农业生产上的"拼管理"，其实就是技术管理，即看谁的失误更少。

（三）市场风险

市场风险是工业生产和农业生产都需要面对的风险，而农业的市场风险更残酷，这是由农产品的特殊属性决定的。由于农产品多为鲜活产品，保质期比较短，必须在收获时节的极短时间内销售，否则，可能会一文不值。由此也就形成了农产品的季节性卖难问题，每到收获季节，往往量大价跌，供大于求，不仅效益下降，而且造成浪费。应对市场风险，一方面，要重视市场分析，避免"丰收陷阱"；另一方面，要加强生产的组织化程度和后加工、贮藏、保鲜能力，稳定市场，畅通产后渠道，保障收益。目前主要推行订单种植和合同销售。

（四）制度风险

制度风险是系统性的，常见的就是政策的变动，综合农事服务中心个体一般很难应对。比如，有的地方为了发展经济出台了一些优惠政策，后来由于人员变动或者领导变更，承诺的优惠政策难以落实，给综合农事服务中心造成被动局面甚至风险。应对政策风险，组织管理者要重视地方产业政策的研究，摆正经营思想，科学选择项目，避免因一时头脑发热付出沉重代价。不过，对于正常的国家优惠政策，综合农事服务中心还是应该积极争取。

（五）社会风险

有的地方把这种风险也称为农民的道德风险，这主要是由农民对市场经济规则的不懂、不问、不遵守引发的。常见的就是土地流转或者土地托管过程中引发的纠纷。经营农业必须以土地托管协议的签订为依据，并且以此实现长期的农业基础设施投入。而在实际操作过程中，由于各种原因，有的违约收回土地，有的公然哄抢甚至破坏农作物，给综合农事服务中心带来重大损失。因此，综合农事服务中心在农业生产托管过程中，要加强沟通，学会与村民打交道，并适当给当地农民以打工就业的机会，减少矛盾，避免或者减少损失。主要做法是，由村土地股份合作社承担看管责任，区域巡查员协助管护土地。

第四节　财务会计管理与实务

财政部颁布的《农民专业合作社财务会计制度（试行）》（以下简称《财务会计制度》）已于2008年1月1日实施。该制度从总则、会计核算的标准要求、会计科目、会计报表以及会计凭证、登记会计帐簿和会计档案五个方面规范了农民专业合作社的财务管理，农机专业合作社应遵照执行。下面就以农机专业合作社为例，探讨执行《财务会计制度》中应具体注意的问题。

一、财会管理机构和相关规章制度

农机专业合作社与其他经营单位一样，需要进行经济活动，就必须以相对独立的资金作为基础。在经营服务过程中筹集和运用这些资金，则形成了财务活动。正确组织和处理这些财务关系所建立起来的核算、监督、检查等一系列必要的管理措施，称为财务管理。

农机专业合作社要做好财务管理工作，就应设立相应财务管理职能部门，设置会计、出纳和保管岗位。会计业务可根据业务需要设置，规模小、业务简单的单位可以委托农村经营管理机构或代理记账机构代理记账。出纳要安排专职人员担任，不能由监事会成员或理事长兼任，实物保管要由可靠和熟悉业务的人员担任。财务人员要持证上岗，特别是会计、出纳人员必须具有会计从业资格证，才能从事财会工作。要根据《财务会计制度》要求进行会计核算，编制财务会计报表，并熟练掌握农机使用成本核算和作业条件影响的系数等。

在设置相应机构的基础上，完善有关人员岗位职责，如出纳员岗位责任制、会计人员岗位职责等。建立和完善相应的资金结算、盈余分配、审批报账、审计监督等财务管理制度，如财务管理和核算制度、现金管理及开支审批制度等。

二、财务管理与会计核算应注意的几个问题

（一）固定资产管理与核算中应注意的问题

固定资产是农机专业合作社在成立、运营过程中，购建或者作价入股形成的，原始价值较大、使用年限较长的生产资料。固定资产由于来源不一，在管理过程中往往容易忽略其财务管理问题，从而给合作社造成很多隐患。因此，合作社要特别重视固定资产的管理工作。一是对于合作社成员折价入股的固定资产，要按其形态及折股价值载入固定资产账，并列明存放地点和管理人。对于平时成员自用、自营，农忙时统一参与合作社作业的作价机具等资产，合作社也要计入帐目，并与成员签订保管和经营协议，明确其折旧提取形式，保证其保值、增值。二是对于合作社组织购建的固定资产，合作社应按其购入价值计入固定资产。如果是通过享受国家农机补贴购建的，要按其净值入账，并按国家规定提取折旧。三是对于政府项目支持购建而形成的固定资产，要按其总值入帐，财政支持部分同时计入成员股东权益份额。四是所有固定资产投入使用后，按国家规定的方法和要求，实行折旧使用管理制度，按期提取折旧费，保证及时更新。五是合作社应建立固定资产清查制度，每年年底前必须进行一次全面清查。盘亏、盘盈的固定资产，应查明原因，按规定权限进行审批处理。六是固定资产的出售、报废和毁损等应建立相应审批制度，重要固定资产的处置应当经成员（代表）大会讨论通过后方可进行。

（二）负债与所有者权益管理与核算中应注意的问题

农机专业合作社是一个成员民主管理和运营的组织，是一个非常特殊的组织，由于成员在知识、能力等方面存在不足，因此合作社的负债管理非常重要。一是合作社要根据自身实际和生产经营需要，量力而行，合理举债，严格控制债务风险。凡是较大数额举债，举债决策和审批程序必须要严格，重大举债必须经成员（代表）大会讨论通过，否则不能私自举债。凡是因违反规定造成的债务损失，合作社不予承认。二是合作社要加强对相关记录、意向、凭证、合同等书面文件的管理。对外签订的有关重要协议，对于如大项物资采购合同、大宗物资或者产品销售合同等都应进行必要的法律审查，严格审签手续。

农机专业合作社所有者权益类问题是直接关系每个出资成员的正当权利问题，必须

高度重视，严格按法律规定做好记录和核算工作。一是合作社成员以其账户内记载的出资额和公积金份额为限，对合作社承担有限责任，不承担其余责任。二是合作社接受成员入社投入的资产，应当按有关规定确认和计量，并及时记入成员股金证。属于固定资产的，要纳入固定资产账目管理。三是农机专业合作社应当为每一位成员建立成员账户和成员交易明细台账，详细记载成员的出资额、应享有的公积金份额、形成财产的财政补助资金量化份额和他人捐赠财产量化份额、交易量和交易额。其中形成财产的财政补助资金量化份额和他人捐赠财产量化份额，仅作盈余分配依据，成员退社后不再享有。合作社在进行年底分配时应按有关规定进行分配。

（三）货币资金管理中应注意的问题

一是合作社取得的现金收入必须及时入账，会计、出纳要及时对账，严禁收入不入账、私设"小金库"、以白条抵库、公款私存等行为。大项支出须由经手人签名、监事会审核、理事长审批，重大项目支出由理事会或成员代表大会讨论决定，建立责任追究制度，防止贪污、侵占、挪用资金行为的发生。二是对于合作社的现金、银行存款，要严格执行有关规定，遵守银行结算纪律。合作社库存现金实行限额控制，超过库存现金限额的，要及时存入开户银行。三是合作社应当按照不相容职务相互分离的原则，建立健全货币资金内部控制制度。明确相关岗位的职责权限。明确审批人和经办人对货币资金业务的权限、程序、责任和相关控制措施。

（四）产品物资管理过程中应注意的问题

对于合作社的产品物资要按规定的计价方法和管理要求，进行合理的计价核算。合作社应当建立健全存货内部控制制度，建立保管人员岗位责任制。产品物资入库时，保管员清点验收入库，同时填写入库单；出库时，保管员填写出库单，主管负责人批准、领用人签名盖章，保管员根据批准后的出库单出库。合作社为社员代销代购的产品物资应与合作社的产品物资分开，实行单独保管。收到成员交纳的产品或提供的劳务时，须履行必要的会计核算手续。应当准确注明数量及金额，并及时记入成员交易明细台账，年终时登入成员账户。

（五）对外投资与应收款项管理与核算中应注意的问题

合作社作为一个民主管理的经济组织，对外投资业务应当由理事会提交成员（代表）大会决策，严禁个人擅自决定。合作社对外投资业务各环节应设置相应的记录或凭证，明确专人保管相关资料，并且，所有对外投资要以财务会计核算原则进行，做好相应会计处理工作。对于合作社在经营过程中形成的应收款项和暂付款项，合作社应建立台帐，每3个月清理一次，对拖欠的应收款项应当采取切实可行的措施或者建立责任人制度，积极催收。对因特殊原因不能收回的应收款项，在取得相关证明材料后，按程序批准后，予以核销。

（六）盈余分配核算中应注意的问题

盈余分配是指把当年已经确定的盈余总额连同以前年度的未分配盈余按照一定的标准进行合理分配。盈余分配是合作社财务管理和会计核算的重要环节，关系到合作社及其成员的切身利益，具有很强的政策性。因此，合作社必须严格遵守法律、法规和章程等有关规定，按要求搞好盈余分配工作。

合作社在年终盈余分配工作前，要准确地核算全年收入和支出，清理财产和债权、债务，搞好代购代销和劳务服务合同的兑现工作，结清有关账目。真实、完整地登记成员个人账户，确保盈余分配及时准确，保障盈余分配顺利进行。

在做好准备工作的基础上，按照有关法规要求和章程规定，在经召开成员大会批准后，方可执行。

盈余分配的顺序：一是弥补亏损。用本年度盈余直接弥补以前年度亏损。二是提取盈余公积。按规定从当年盈余中提取盈余公积，主要用于扩大再生产或者转为成员出资。三是盈余返还。合作社弥补完亏损和提取盈余公积后的可分配盈余，按成员与本社交易量（额）比例返还，返还比例不得低于可分配盈余的60%。在实际操作时，对实际参加合作社作业和经营的社员按作业量（额）或者按折算的系数来分配可分配盈余的60%~80%。对实际只有现金出资或者虽以机械出资但不直接参与作业的社员可按折算的出资数额或者系数来分配可分配盈余的20%~30%。四是剩余盈余分配。剩余部分以成员帐户中记载的出资额、公积金份额，以及国家财政直接补助部分合并，平均量化到成员份额，按比例分配给本社社员。

三、会计核算业务的组织

（一）会计核算应遵循的基本原则

1. 会计核算应以实际发生的农机作业等事项为依据，如实反映合作社的财务状况和经营成果。

2. 提供的会计信息应能够反映合作社的财务状况、经营成果，满足会计信息使用者的需要。

3. 会计核算方法应该前后各期保持一致，不得随意变更。确需变更的，应将变更的内容、理由、变更的影响数和影响数不能合理确定的理由等，在会计报表附注中进行说明。

4. 会计核算应该及时进行，不能提前和延后。

5. 会计核算应按规定的会计处理方法进行，会计指标应口径一致，具有可比性。

6. 会计核算应以权责发生制为基础。凡是当期已经实现的收入和已经发生的支出或者应该承担的费用，不论款项是否收付，都应作为当期收入和费用。凡是不属于当期的收入和费用，即使有关款项已在当期收付，也不能作为当期收入和费用核算。

7. 组织会计核算时，收入与其相应的成本和费用应当配比，同一会计期间的各项收入和与其相关的成本费用，应在该会计期间内确认。

8. 取得的各项财产应按实际成本计量。除国家法律、法规和会计制度另有规定外，单位一律不得自行调整账面价值。

9. 会计核算应合理划分收益性支出与资本性支出的界限，凡支出的收益仅涉及本年度的，应该作为收益性支出。凡是支出的收益涉及几个会计年度的，应当作为资本性支出。

10. 组织会计核算，应该遵循谨慎性原则，不得多计资产或者收益，少计负债和费用，不得计提所谓秘密准备（如应收帐款、存货等超标准计提准备）。

（二）会计核算要求

1. 一般要求。

按照财务制度规定，设置和使用会计科目，采取复式记账，填制和审核会计凭证（原始和自制凭证），登记会计账簿（总帐、明细帐、日记帐和辅助账），编制会计报表（资产负债表、盈余及盈余分配表、成员权益变动表、科目余额表和收支明细表、财务状况说明书等）。

2. 特殊要求。

一是合作社与成员和非成员的交易分别核算制度；二是设立合作社成员账户制度；三是合作社盈余分配制度；四是合作社公共积累量化制度。

（三）会计科目设置、帐薄设置与财务报表

1. 会计科目设置。

农机合作社应按《财务会计制度》的规定，结合本合作社具体会计核算的要求，来设置会计科目和建立会计帐簿。具体科目可根据需要省减。在具体操作时，合作社应按有关规定，合理设置和使用会计明细科目。收入类科目可设置主营业务收入、其他业务收入、营业外收入等科目。费用和成本类科目可设置生产成本、其他业务支出、营业外支出、经营支出、管理费用、财务费用等科目。

基本会计科目见表4-6。

表4-6 基本会计科目表

顺序号	科目编号	科目名称
		一、资产类
1	101	库存现金
2	102	银行存款
3	113	应收款
4	114	成员往来
5	121	产品物资
6	124	委托加工物资
7	125	委托代销商品
8	127	受托代购商品
9	128	受托代销商品

续表

顺序号	科目编号	科目名称
10	131	对外投资
11	141	牲畜（禽）资产
12	142	林木资产
13	151	固定资产
14	152	累计折旧
15	153	在建工程
16	154	固定资产清理
17	161	无形资产
		二、负债类
18	201	短期借款
19	211	应付款
20	212	应付工资
21	221	应付盈余返还
22	222	应付剩余盈余
23	231	长期借款
24	235	专项应付款
		三、所有者权益类
25	301	股金
26	311	专项基金
27	321	资本公积
28	322	盈余公积
29	331	本年盈余
30	332	盈余分配
		四、成本类
31	401	生产成本
		五、损益类
32	501	经营收入
33	502	其他收入
34	511	投资收益
35	521	经营支出
36	522	管理费用
37	529	其他支出

注：合作社在经营中涉及使用外埠存款、银行汇票存款、银行本票存款、信用卡存款、信用证保证金存款等各种其他货币资金的，可增设"其他货币资金"科目（科目编号109）；合作社在经营中大量使用包装物，需要单独对其进行核算的，可增设"包装物"科目（科目编号122）；合作社生产经营过程中，有牲畜（禽）资产、林木资产以外的其他农业资产，需要单独对其进行核算的，可增设"其他农业资产"科目（科目编号149），参照"牲畜（禽）资产""林木资产"进行核算；合作社需要分年摊销相关长期费用的，可增设"长期待摊费用"科目（科目编号171）。

2.账簿设置与单据使用。

对于会计账簿的设置，要根据会计核算业务的多少和财务管理的需要来进行。一般账簿有11本，包括1本总账，9本明细账、1本登记簿。

三栏式订本账有现金日记账、银行存款日记账和总账。

三栏式数量金额账有资产明细账（牲畜（禽）资产、林木资产、固定资产、在建工程、固定资产清理、无形资产）和产品物资（委托）明细账（委托加工物资、委托代销商品、受托代购商品、受托代销商品）。

三栏式金额账有股金明细账、成员往来明细账、应收（应付）明细账（应收：应收款、对外投资；应付：短期借款、应付款、应付工资、应付盈余返还、应付剩余盈余、长期借款、专项应付款）和所有者权益明细账（专项基金、资本公积、盈余公积、盈余分配）。

多栏式金额账有收入支出明细账（经营收入、其他收入、投资收益、经营支出、管理费用、其他支出、生产成本）。

登记薄有成员账户。

对于有关单据和台账，要根据管理需要，建立管理流程，保证财会管理顺利进行。一般单据和台账示例如下。

（1）农机专业合作社产品物资入库单（见表4-7）

表4-7 产品物资入库单

年　月　日　　No：

名称	规格型号	数量	单位	单价	金额	备注
人民币（大写）				￥：		

库管员：　　　交货人：　　　制单：

注：1式3联，第1联仓库存留，第2联会计记账，第3联交货人。

（2）农机专业合作社产品物资入库登记台账（见表4-8）。

表4-8 产品物资入库登记台账

时间	名称	编号	规格型号	数量	单位	单价	金额	收货人

（3）农机专业合作社产品物资出库单（见表4-9）。

表4-9 产品物资出库单

年　月　日　　No：

名称	规格型号	数量	单位	单价	金额	备注
人民币（大写）				￥：		

库管员：　　　领货人：　　　制单：

注：1式3联，第1联仓库留存，第2联会计记账，第3联领货人。

（4）农机专业合作社产品物资出库登记台账（见表4-10）。

表4-10 产品物资出库登记台账

时间	名称	编号	规格型号	数量	单位	单价	金额	领货人

3.会计报表编制与财务信息披露。

会计报表编制是做好财务管理不可缺少的环节。准确、及时、完整的会计报表，可以直观、全面、清晰地反映单位整体运行情况和资金流向，为把握其整体经营提供第一手材料。通过合作社财务会计报表，可以及时发现合作社在费用、成本以及资金占用方面的问题，为提高管理水平和及时纠正问题提供资料。通过合作社报表可以让社员能够较全面地了解经营情况，特别是他们关心的分配情况。编制会计报表的两个恒等式是

$$资产=负债+所有者权益$$
$$利润=收入-费用$$

组合公式为

$$资产=负债+（收入-费用）$$

编制的会计报表主要有资产负债表（年报）、成员权益变动表（年报）、盈余及盈余分配表（年报）、科目余额表（月报）、收支明细表（月报）以及财务状况说明书等。

四、全程托管中几项重点业务的会计处理实务

（一）关于机械作业费及配套销售用农资等生产托管常用业务的核算

在应收款科目下，设置应收机械作业费和应收生资费明细账，并按被托管村或者个人设置明细科目。耕翻和播种作业时，由生产负责人每天填写"作业日报单"，将当天作业项目、完成数量以及使用的农资明细记载清楚，经村土地股份合作社监管员、区域巡查员签字后，转财务。财务将当日此生产区领用的生产资料依据日报单等内容，编制当期入账凭证。

1.合作社为××村开展播种作业时。

例如：为该村播种小麦100亩，按协议每亩播种费45元，使用化肥及其他附料120元（含合作社管理费5元）、种子45元（含管理费2元），由合作社成员×××作业，每亩播种作业协议价38元。会计分录如下：

（1）作业时：

借：应收款—××村机械作业费　　　　4 500元
　　应收款—××村生资费　　　　　　16 500元
　贷：产品物资—×××种子　　　　　　4 300元

    产品物资—×××化肥   11 500元
    应付款（成员往来）—××生产区机械作业费 3 800元
    经营收入   1 400元
 （2）收回××村作业费及生资费时：
  借：银行存款   21 000元
    贷：应收款—××村机械作业费 4 500元
      应收款—××村生资费   16 500元

2.为××村联合收获小麦时，同时代销农产品小麦。

收获时：

 （1）收到受托按代销协议价5 000元的小麦时：
  借：受托代销产品—××村   5 000元
    贷：应付款—××村   5 000元
 （2）将该批小麦按销售合同协议价6 000元销售给面粉加工厂时：
  借：应收款—××面粉厂   6 000元
    贷：受托代销产品—××村 5 000元
    贷：经营收入   1 000元
 （3）将粮食销售款6 000元由面粉厂直接拨付给××村土地股份合作社时：
  借：应收款—×××村   1 000元
  借：应付款—×××村   5 000元
    贷：应收款—××面粉厂   6 000元

 3.与××村土地股份合作社分成时。年度终了，农机合作社与××村土地股份合作社进行收益分成时，按双方原来协议计算出本次分成的金额并根据分成表各自入帐。

 （1）核算完成后：农机合作社应分成 12 000元
  借：应收款—××村   12 000元
    贷：经营收入（××村分成） 12 000元
 （2）收到分成款12000元时
  借：银行存款   12 000元
    贷：应收款—××村   12 000元

（二）关于合作社成员和非成员业务的会计核算处理办法

 1.非成员作业业务的核算。临时租用社会机械开展作业服务是为弥补本社机械不足的必要举措。对于这类业务，往往以结算作业费方式直接分配。生产部根据该机械作业数量和商定的作业价格填写付款说明和对方提供的正式作业费发票，按程序审批后，财务付款。

 （1）作业时，根据作业单，××人耕地100亩，协议价35元。与村耕地协议价为43元。
  借：应收款—××村机械作业费 4 300元
    贷：应付款—××人机械作业费 3 500元

差额 贷：经营收入   800元
（2）付款给××人时：
借：应付款—××人机械作业费   3 500元
　　贷：银行存款   3 500元

2.对于成员机械参与作业的核算。采用成员非入社机械作业时，为体现成员优惠，一般采取按协议作业价格或者按不同作业项目返还作业成本的方式进行，作业成本的大头先行返还给成员，经营收入记入收取的管理费数额。

（1）作业时，根据作业单，××社员耕地100亩，协议价37元。与村耕地协议价为43元。
借：应收款—××村机械作业费   4 300元
　　贷：成员往来—各成员   3 700元
　　贷：经营收入   600元
（2）支付作业成本时：
借：成员往来—各成员   3 700元
　　贷：银行存款   3 700元

3.合作社自有机械和入社成员机械作业的核算。

（1）作业时，该机械耕地作业100亩，协议价43元，根据作业验收单，有
借：应收机械作业费—××村   4 300元
　　贷：经营收入   4 300元
（2）同时支付人员工资、加油、维修时，共开支800元，有
借：生产成本（工资、油料费、维修费）800元
　　贷：银行存款   800元

4.关于合作社成员现金出资和机械出资不参与实际生产作业成本费用的核算。

合作社在成立时，股金的出资方式是不同的，对于以现金出资和虽以机械出资，但不参与直接生产作业的这部分成员，其基本成本抵扣，可以采用股息方式处理。在年度终了，根据合作社盈余情况，可先按股息（5%～15%）提取股息，计入管理费用。（说明：以上表述的是一种常用方案。对于股权设置和分配方式较为完善的合作社，可按优先股、身份股、投资股不同的股权，采用不同的分配方法）

例如：2019年本社现金出资额为30 000元，此类机械出资折算出资额为70 000元，按8%计算股息并提取。

（1）提取时：
借：管理费用（股息）   8 000元
　　贷：应付盈余返还—××人   2 400元
　　贷：应付盈余返还—××人   5 600元
（2）发放时：
借：应付盈余返还—××人   2 400元
借：应付盈余返还—××人   5 600元

贷：银行存款　　　　　　　8 000元

（三）合作社将成员生产的初级产品进行烘干等加工后对外销售的会计核算

账务处理如下：

合作社收购其成员生产的初级产品时，按其收购价和相关费用，借记"产品物资"科目，贷记"库存现金""银行存款""成员往来"等科目。合作社对粮食等初级产品进行加工发生各项生产费用时，借记"生产成本"科目，贷记"库存现金""银行存款""产品物资""应付工资""成员往来""应付款"等科目。农机合作社将粮食等加工完成的产品入库时，借记"产品物资"科目，贷记"生产成本"科目。农机专业合作社将粮食等加工产品对外销售时，借记"库存现金""银行存款""应收款"等科目，贷记"经营收入"科目，同时，借记"经营支出"科目，贷记"产品物资"科目。

2019年10月份，××农机专业合作社以2 500元/吨的价格收购玉米100吨，用现金支付购粮食款25万元、支付运费及装卸费等费用0.3万元。合作社对玉米进行烘干加工处理，生产出合格玉米95吨入仓库储存，期间计提加工人员工资0.6万元，计提烘干车间及设备等折旧费0.2万元，计提烘干用电等费用0.2万元。月底，成品玉米以2 800元/吨的价格全部销售，销售款26.6万元存入银行。会计分录如下：

1. 收购玉米时：
借：产品物资—玉米　　　　　253 000元
　　贷：库存现金　　　　　　　253 000元

2. 对玉米进行烘干深加工时：
借：生产成本　　　　　　　　263 000元
　　贷：产品物资—玉米　　　　253 000元
　　　　应付工资　　　　　　　6 000元
　　　　累计折旧　　　　　　　2 000元
　　　　应付款—电费　　　　　2 000元

3. 烘干玉米完成验收入粮库时：
借：产品物资—玉米　　　　　263 000元
　　贷：生产成本　　　　　　　263 000元

4. 对外出售成品玉米时：
借：银行存款　　　　　　　　266 000元
　　贷：经营收入　　　　　　　266 000元
同时，结转成本
借：经营支出　　　　　　　　263 000元
　　贷：产品物资—玉米　　　　263 000元

（四）合作社月末账务结转处理

合作社在月末结转盈余时，将"经营收入""其他收入"科目的余额转入"本年盈余"科目的贷方,借记"经营收入""其他收入"科目,贷记"本年盈余"科目。同时将"经营支出""管理费用""其他支出"科目的余额转入"本年盈余"科目的借方,借记本科目,贷记"经营支出""管理费用""其他支出"科目。"投资收益"科目的净收益转入"本年盈余"科目的贷方,借记"投资收益"科目,贷记"本年盈余"科目;如为投资净损失,转入"本年盈余"科目的借方,借记"本年盈余"科目,贷记"投资收益"科目。

1. ××农机专业合作社对4月份账务进行结转时,将经营收入余额600 000元,经营支出余额510 000元进行结转。会计分录如下:

(1) 结转本月收入时:

借:经营收入　　　　　600 000元
　　贷:本年盈余　　　　600 000元

(2) 结转本月支出时:

借:本年盈余　　　　　510 000元
　　贷:经营支出　　　　510 000元

2. ××农机专业合作社对7月份账务进行结转时,将经营收入余额5 000元,经营支出余额1 000元进行结转。会计分录如下:

(1) 结转本月收入时:

借:经营收入　　　　　5 000元
　　贷:本年盈余　　　　5 000元

(2) 结转本月支出时:

借:本年盈余　　　　　1 000元
　　贷:经营支出　　　　1 000元

3. ××农机专业合作社对9月份账务进行结转时,将投资收益余额10 000元进行结转。会计分录如下:

借:投资收益　　　　　10 000元
　　贷:本年盈余　　　　10 000元

4. ××农机专业合作社对12月份账务进行结转时,结转管理费用余额31 500元,其他支出500元,清理固定资产得其他收入200元进行结转。会计分录如下:

(1) 结转管理费用、其他支出时:

借:本年盈余　　　　　32 000元
　　贷:管理费用　　　　31 500元
　　　　其他支出　　　　500元

(2) 结转固定资产清理收入时:

借:其他收入　　　　　200元
　　贷:本年盈余　　　　200元

（五）关于年度盈余分配的会计核算

例如：××农机专业合作社年终进行盈余分配时，首先，将本年实现的净盈余即本年盈余进行结转，借记"本年盈余"科目，贷记"盈余分配—未分配盈余"科目。其次，合作社用本年盈余弥补上年亏损和提取盈余公积，合作社用本年盈余弥补上年亏损时，借记"盈余分配—未分配盈余"科目，贷记"资本公积"科目；合作社提取盈余公积时，借记"盈余分配—各项分配"科目，贷记"盈余公积"科目；合作社用盈余公积转增股金或弥补亏损等时，借记"盈余公积"科目，贷记"股金""盈余分配—未分配盈余"等科目。最后，合作社对可分配盈余按照盈余分配方案进行分配，按交易量（额）向成员返还盈余时，借记"盈余分配—各项分配"科目，贷记"应付盈余返还"科目。按成员出资额和公积金份额等返还盈余时，借记"盈余分配—各项分配"科目，贷记"应付剩余盈余"科目。将各项分配进行结转时，借记"盈余分配—未分配盈余"科目，贷记"盈余分配—各项分配"科目。支付成员年终盈余返还和应分配的剩余盈余时，借记"应付盈余返还""应付剩余盈余"科目，贷记"库存现金""银行存款"等科目。

例如：××农机专业合作社本年度实现盈余163 200元（合作社本年盈余计算公式为：本年盈余=经营收入+投资收益+其他收入—经营支出—管理费用—其他支出），根据合作社章程规定的盈余分配方案，按本年盈余的6%提取公积金，提取盈余公积后，当年可分配盈余的70%按成员与本社交易额比例返还给成员，其余部分根据成员账户记录的成员出资额和公积金份额等，按比例分配给全体成员。会计分录如下：

1.年终，结转本年盈余时：

借：本年盈余　　　　　　　　　163 200元
　　贷：盈余分配—未分配盈余　　163 200元

2.提取8 160元（163 200×5%）公积金时：

借：盈余分配—各项分配　　　　8 160元
　　贷：盈余公积　　　　　　　　8 160元

3.用盈余公积转增股金时：

借：盈余公积　　　　　　　　　8 160元
　　贷：股金—各成员　　　　　　8 160元

4.按成员与本社交易额比例提取盈余返还时，分别计算出返还给每个成员的金额和合作社返还总额，一般按系数加权法，来折算各成员本年度各项作业折算的总系数，然后汇总全部成员的总系数，将拟分配的返还盈余总额除以总系数得出每份系数的应分金额，然后据此计算每个成员各自的分配返还金额（如基本系数为机械深耕1、机械旋耕0.65、小麦播种1.2、小麦喷灌0.4、小麦收获1.5、玉米播种1.3、玉米机械还田1、玉米联合收获1.7等）。经计算本合作社返还总额为108 528元[（163 200－8 160）×70%]：

借：盈余分配—各项分配　　　　108 528元
　　贷：应付盈余返还—各成员　　108 528元

5.按成员账户记录的成员出资额和公积金份额等提取应分配的剩余盈余46 512元[(163 200−8 160)×30%],对于本年度没有与本社发生任何交易额的成员,按章程约定或者社员代表大会决议决定其是否参与本年度分配或者分配时的所占份额:

  借:盈余分配—各项分配   46 512元
    贷:应付剩余盈余—各成员   46 512元

6.结转各项分配时:

  借:盈余分配—未分配盈余   155 040元
    贷:盈余分配—各项分配   155 040元

7.用现金支付成员应付盈余返还108 528元和应付剩余盈余46 512元时:

  借:应付盈余返还—各成员   108 528元
    应付剩余盈余—各成员   46 512元
    贷:库存现金   155 040元

第五章 综合农事服务中心成本管控与价值提升

第一节 成本与费用管控

综合农事服务中心的生产经营服务成本是指在进行农业产品生产、经营,农机销售,农机修理,农机作业,农机培训,以及其他生产经营业务所引起消耗支出的货币表现。它包括农业生产成本、农机作业成本、农机修理成本及其他服务成本等。

综合农事服务中心费用是指其在进行生产经营活动过程中所发生的各种耗费的总和,包括经营支出、管理费用、财务费用和其他支出。综合农事服务中心必须加强成本和费用的管理,做到降低费用,控制成本,不断提高盈利水平。

一、成本与费用管理的内容和任务

成本和费用管理是为了控制农产品生产、农机修理、农机作业等生产服务成本、降低经营管理过程中的各项费用而进行的各项管理工作,是通过预测、计划、控制、核算、分析和考核,反映其生产经营成果,挖掘减少费用潜力,控制降低成本。它主要包括建立健全有关成本和费用管理的规章制度;使用相关新技术措施;制订各项成本消耗定额和费用标准;编制成本计划,制订控制成本、降低费用开支的措施;进行成本核算,编制成本报表,开展成本分析。成本和费用管理任务如下:

1. 严格遵守财经纪律、规章制度,以及成本列支范围及费用开支标准。凡事应本着勤俭节约的原则制订标准,不得随意开支。

2. 实行成本和费用管理责任制。经理人、各部长及每名成员都要树立成本观念,正确执行成本计划,准确核算成本,并对经济效果负责。要根据责、权、利相结合的原则,制订不同的成本费用奖惩办法,形成人人节约、个个降耗的良好氛围。

3. 建立执行过程的优化机制。通过不断地检查、分析、控制,发现问题,改进工作,并不断优化提升标准,使之更加先进。

二、农机作业成本与费用的构成

综合农事服务中心农机作业成本是生产活动过程中所发生的各项生产费用和劳务成本。通俗地说是指农机作业的各环节过程中所发生的直接材料和直接耗费,一般按实际支付的费用计算,包括以下成本内容。

1. 直接材料费，指农业机械在作业中直接耗费的燃料、电力、润滑油等的支出，或者电力排灌作业和电力脱粒作业的电力费。

2. 直接人工费，指农业机械在作业过程中操作人员及辅助人员的费用支出，包括成员用工计价和雇工费用。

3. 其他直接费，指除直接材料、直接人工以外的其他直接支出，包括农机作业项目过程中的田间运输费、生产中耗用的材料等费用。

4. 间接费用，指应摊销、分配时记入各项农机作业项目的间接生产费用，包括为组织和管理生产所发生的人员工资、差旅费、大修理提存费、折旧费、修理费、水电费、办公费等。

需要补充说明的是，从农机作业成本的广义角度来讲，综合农事服务中心在日常组织经营管理过程中发生的费用，主要是指管理人员工资、办公费、差旅费、技术培训费、管理过程中使用固定资产所提取的折旧费、低值易耗品消耗费、修理维护费、保险费、运输管理费、年检审费等也应作为农机作业管理费项目归属于作业成本，但因上述费用不是直接应用于农机生产作业中的，所以作为期间费用核算更为合适。

为了正确计算成本，对于各项生产费用的开支，应严格控制开支范围，正确、合理、及时地归集生产费用，认真计算出生产成本，保证各项成本的准确性。

三、农机作业成本与费用的管理

综合农事服务中心对主要农机作业项目进行成本管控，能够较好地提高劳动生产率，降低机械作业费用，从而实现高效、低耗。对农机作业成本和费用的重点项目，如油料、常用配件、大综保养等，综合农事服务中心应采取集中批量采购的方式，降低外购成本。农机作业成本费用管控的方法如下：

（一）对于自有机械，雇用操作人员的管控

其基本管控原则是实行单机成本核算。其主要原则是准确、及时、简便、易行，能够使每个农机操作人员直接掌握，自我管理。管理人员能够较简单地管理有关项目，便于核算和兑现。

单机核算的主要考核指标是作业量、油料消耗量或者油料费、人员工资和维修费4项。为及时考核这4项指标，要求按作业季分机械台组进行分别核算。季节作业完成后，计算出全部各机组作业成本和本季各机组平均成本。将各机组实际成本与平均成本进行比较，计算出各机组的节约成本和增支成本。按节约成本和增支成本的40%进行奖惩。

单机成本核算的步骤为：填制机组作业日报单，登记台账，编制成本计算表和成本考核表。

（二）成员自有机械参与统一作业的成本管控

成员操作自有机械参与组织的统一作业时，各成员所使用的机械新旧程度不一，操作管理水平差别较大，驾驶人员的工资也不一样，这就造成维修费、消耗差别较大。为

促使各成员自我管理，避免吃大锅饭问题的发生，应采取成本包干的办法管控成本。将各项直接消耗和人工成本全部一次性包干，综合农事服务中心只统计合格作业量，然后按各不同作业项目报销成本的办法进行。对于各作业项目的包干成本，每季根据不同的物价、人工费情况进行相应调整。

（三）外聘机具成本费用的管控

1. 承包制。将一部分作业项目打包招标采购，按作业质量和作业时间要求，一次性核定作业成本费用，将成本费用降到最低。如综合农事服务中心在生产托管中的无人机植保业务、大面积的土地深耕作业任务都可以采取这种办法。

2. 提取管理费法。对于综合农事服务中心为了调补余缺，数量不大，自有机械由于人员或者因天气原因难以完成，且不适合进行招标的作业项目，可采取外聘机具作业的办法来进行，对这一类项目一般采取提取管理费的办法。综合农事服务中心按每亩提取管理费5~15元不等。管理费记入单位收入。

四、农产品生产成本与费用的构成及管控技术措施

农产品生产成本是指生产一定量农产品耗费的物质费用和劳动报酬的货币表现，包括：种子、肥料、农药、燃料、电力及饲料等消耗的费用，生产和管理用固定资产的折旧费和修理费，小农具的购置和修理费，产品的包装和运输费用等，所用劳动力耗费（由所付工资构成），为农业生产租入设施而支付的租金和贷款支付的利息等。

为切实降低农业生产全过程的成本和费用且实现农业产出的最大化，综合农事服务中心应积极推广和应用先进的农机和农艺技术。农业生产中主要机械化节本增效技术和农艺技术措施如下：

（一）机械化节水技术

机械化节水技术主要指在农业生产过程中采用机械化节水机具和设施。如改大水漫灌为机械化喷灌、滴灌、渗灌等，可以大幅度提高灌溉水平和灌溉效率，并能够节约淡水资源。在作业时，应根据当地当时的作物情况，运用不同的喷灌量来实现精量灌溉，综合农事服务中心应采取具体的操作办法。在耕整地时应采用机械化深耕技术，将耕深由原来的10~15厘米提高到25厘米以上，提高土壤积蓄雨水能力。

（二）机械化节肥技术

此技术包括三个方面。测土配方施肥技术就是指以土壤测试和肥料田间试验数据为基础，根据作物需用肥规律、土壤供肥性能和肥料效应，实施机械化精量、科学施肥。综合农事服务中心应对生产托管的地块进行全面测量，形成不同的配方施肥方案，实现精准施肥。

机械化化肥深施技术是指使用化肥深施机具，按农艺要求，将化肥均匀施于作物根系部位，以达到提高肥效和节肥增产的目的。

机械化秸秆还田就是将农作物秸秆利用机械直接粉碎抛撒于地表，随即耕翻入地的作业模式。秸秆直接还田后可以起到增加土壤有机质含量、培肥地力的效果，可以有效节约化肥的施用量，节约成本、保护环境。建议小麦、玉米生产全部实施秸秆还田技术。

（三）机械化节药技术

机械化节药技术是指使用先进、可靠的机械化施药机械，实现药剂精量、均匀喷洒，提升防治效果和减轻药物对人的毒害的技术，如无人机植保技术、吊杆式精量植保技术等。

（四）机械化节种技术

机械化节种技术主要指机械化精少量播种技术，也就是通过专用机具实现减少种子播量，提高种子分布均匀度，提高苗株质量的节种、增产技术。在提高地力和抗灾能力的前提下，运用精少量播种技术，减少播量，做到"未种先收"，并能够做到适时播种。对于高产田块、高产品种，应用精量播种技术，如实现小麦播种由传统的条播到穴播，形成更加合理的群体结构，充分发挥群体和个体两个方面的优势，实现高产增收。

小麦深松分层施肥精播技术就是用深松分层施肥宽幅精播机，在玉米秸秆直接还田后，一次进地完成土壤间隔振动深松、分层施肥、种植苗带旋耕、起垄筑畦、小麦单粒宽幅精播、两级镇压等多项作业的技术。

（五）玉米籽粒直收机械化技术

玉米籽粒直收机械化技术是指利用专用玉米收获机具一次性完成玉米收获的摘穗、扒皮、脱粒等过程的籽粒收获技术。该技术实现了复式作业，大大节约了机械和人工，并减少了机械进地次数，节本增效显著。由于该技术收获的玉米含水率较高，需要配合相应的烘干机械进行配套烘干。

以深耕、深松、精少量播种、秸秆还田为主要内容的农机化节本增效技术，是对小麦、玉米高产具有很强针对性的高产技术措施。通过有效应用这些措施，可以在节约农业生产成本的情况下大幅提高小麦、玉米的产量和品质，真正做到"藏粮于地""藏粮于技"。

五、管理费用和财务费用的管控

（一）管理费用的管控

管理费用是指综合农事服务中心管理活动中发生的各项支出，包括管理人员工资、业务招待费、办公费、差旅费、管理用固定资产折旧、无形资产摊销等。因此，要严格管控管理费用的开支。一是要严格遵守财经纪律和法规，执行严格的费用开支标准，没有标准的，要本着勤俭节约的原则，处理一切事宜。二是要实行费用管理责任制，根据责、权、利相结合的原则，将管理费用任务核算到各部室或者个人，定期考核并奖惩。

（二）财务费用的管控

财务费用是指综合农事服务中心在经营活动中因资金借贷等原因而产生的资金占用费用。应加强资金往来调度，提高资金使用效益。在开展农业生产托管的过程中，综合农事服务中心可采取预收托管作业费的方式，增加资金周转量。对于综合农事服务中心集中采购的化肥等农资所需资金，应尽量采取资金后付的方式，集中销售的农产品尽量采取预收的方式，最大限度减少资金占用，从而减少财务费用。

第二节 综合农事服务中心业务拓展与增收

一、农业生产托管业务拓展

农业生产托管是今后一个时期，综合农事服务中心业务拓展的主攻方向，要抓住机遇，主动作为，协助各方做好工作，帮助村级建立健全土地股份合作社，将分散的土地集中起来，将各类要素资源调动起来，将农业生产托管，特别是全程托管做大做强。一般可先从2~3个村入手，做好全程托管的试验工作，总结经验，逐步扩大。从成功案例分析来看，综合农事服务中心开展全程托管业务面积达到1万亩，其年经营服务收入就可达900万元以上，实现可分配盈余200万元左右，同时，通过标准化种植，实施订单作业，社会效益会更加显著。

对于没有参与全程托管继续自己种地的农户，综合农事服务中心应继续开展多环节生产托管。村集体可帮助他们对零散地块进行统筹规划，保持其土地承包权与经营权不变，解决其干不了、干不好、干了不划算的重点生产环节的托管问题，同时增加综合农事服务中心收入。

对回乡创业的农民或者种粮大户应做好全程订单托管工作，帮助他们以户为单位，实行适度规模种植。并根据各户情况商定托管面积和服务内容，一般每户300亩左右。农户投入人工，服务组织提供订单、统一种植方案、生产资料采购、组织农机作业、产品统一销售等农业全产业链的服务，实现合作经营，以满足其服务需求，提高综合农事服务中心收入。

二、农机跨区作业

跨区作业是指综合农事服务中心组织成员驾驶小麦联合收获等机械跨越县级以上区域进行农田作业的活动。跨区作业可有效利用合作社机械设备资源，提高机械的利用率，起到抢农时、防灾害的作用。对于综合农事服务中心来说可发挥成员机械作用，提高本组织机械利用率和投资收益。就目前来看，山东省的小麦跨区作业市场呈现逐步收缩的态势，玉米跨区作业市场发育尚不成熟。面对这种情况，综合农事服务中心应研究新形势，开拓新业务，不断巩固提升跨区作业水平。面向全国的无人机植保市场，面向内蒙古、东北和西北地区的大面积深耕、深松市场，以及面向西北地区的马铃薯种植市场等已逐步形成，综合农事服务中心应抓住机遇，主动走出去。

跨区作业的组织应注意做好有关事项：一是作业前应实地考察作业条件，现场判断作业地块、道路、作物长势等情况是否适合自己机型的机械作业，不能只听介绍和走马观花。二是应选择技术操作水平高的机手，保证作业质量。参与作业的机手应同时熟悉机具构造、工作原理以及维修技术等，保证应急处理和简单故障的及时排除。三是一定要提前签订作业合同，确保"无合同不作业"，以规避纠纷。四是要牢记安全，切实做好防火、防盗，安全驾驶和操作。此外，严禁酒后驾驶和操作。外出的机械一定要全部购买机械作业保险。

三、政府性农机作业项目

各级政府为提高农业生产能力，保证粮食安全，出台了一系列强农惠农政策性项目，如土地深耕、深松，高标准农田建设、政策性生产托管服务项目等。这些项目对于综合农事服务中心增加收入，提升组织化程度非常有利，综合农事服务中心要敢于参与竞争，通过政府性项目锻炼队伍，积累管理经验，增加收入。

目前，政府支持的主要农机作业项目和资金有以下几类：一是农业生产社会化服务项目。主要是以农业生产托管为支持重点，面向"一小两大"（小农户、大宗农产品、农业生产大县）的社会化服务项目，该项目围绕粮棉油糖等重要农产品和当地特色主导产业，采取先服务、后补助的方式，支持服务型农民专业合作社等服务主体实施作业，并优先支持安装机械作业监控系统的服务主体。二是农机深耕（深松）整地项目。国家支持在适宜地区开展农机深耕（深松）整地作业，年作业面积在1.5亿亩以上，作业深度要求达到或超过25厘米，能够打破犁底层。国家任务下达后，一般由县级农业（农机）部门组织，采取政府购买服务和先作业、后补助的方式实施，该项目可以充分发挥综合农事服务中心等社会化服务组织的作用。三是重大农作物病虫害防治项目。中央财政通过农业生产救灾资金支持各地开展重大农作物病虫害统防统治。主要应用包括电解水技术在内的生物防治、综合防治、生态控制等，降低有害化学农药的使用强度，减少农业面源污染，降低农作物损失，并达到统一防治效果的目的。综合农事服务中心应发挥优势，积极参与。

四、多种经营项目

稳定扩大农机维修、配件供应及农机销售服务。综合农事服务中心根据自身成员车辆及机械情况，配套设立机械维修车间和配件供应服务点，在重点满足自有机械维修养护的基础上，对外开展有偿服务，增加收入，保障生产。结合当地农民和成员要求，增加农机销售业务，拓展服务功能，提高收入。

此外，综合农事服务中心在技术培训、农机推广和信息服务方面，也可结合自身优势，协同当地政府部门开展服务，增加收入。

第三节 产业链延伸与价值提升

一、产业链延伸

（一）农业生产的前端服务延伸

生产资料供应服务，重点是做好种子、化肥、农药、农膜等物资材料的代采购业务。按照专家团队意见，使用价格合适，与土壤适宜，与作物匹配的种子、化肥和农膜等，以批量购买和集团采购的模式来保证质量以及享受批发价格，同时采取灵活多样的付款方式。

1.农药采购应注意的问题。

（1）购买农药时必须看产品标签。合格的农药产品标签必须标明农药的中文名称、农药登记证、生产许可证和生产标准证、农药类别标志、净重或净容量、毒性标志、使用说明、生产厂家、联系方式、生产企业住址和注意事项等内容。标明不全的，必为假冒伪劣产品或者不合格产品，严禁购买。采购时必须索取正式发票，防止出现问题。

（2）科学对症购药。任何一种农药都有一定的防治对象，每种农药产品在作为商品上市销售之前，都已经进行了一定周期的室内、室外试验和田间试验，确定了防治对象和防治效果。正规农药都会标明防治对象，如：噻虫嗪、吡虫啉、啶虫脒，适用于刺吸式口器的害虫；灭幼脲等昆虫生长调节剂适用于防治潜叶类害虫；多抗霉素适用于防治苹果斑点落叶病、梨黑斑病；阿维菌素对梨木虱防效较高；等等。

（3）按性价比选购。综合农事服务中心每年用于防治病虫害的农药开支较大，既要保证用药效果，又尽可能降低用药成本，是科学用药的关键。经过不同农药的价格与功能核算比较会发现，单价高的农药平均用药成本并不一定高，应主要考虑稀释倍数和真实效果，因此购买农药一定要考虑性价比来确定选用品种。

（4）尽量选购单剂，慎用复配剂。两种或两种以上杀虫剂复配的目的是杀虫作用互补，提高防治效果，而杀菌剂的复配是为了克服或延缓病菌对某些专性杀菌剂的抗性。甲霜灵·锰锌、乙膦铝·锰锌、撷霉威·丙森锌等都是很好的杀菌复配剂。目前市场上大多数复配农药都夸大了宣传效果，降低了成本，提高了价格，力求高利润。因此，在选购农药时尽量选用农药单剂，如果有两种或两种以上病虫害，必须一并防治，并且需要不同种类的农药时，可用针对性强的农药自行混配，尽量不要选用复配剂农药。

（5）注意鉴别过期农药，如粉剂、可湿性粉剂农药有有颗粒、结块现象、颜色不均匀；颗粒剂农药中有较多粉末；水剂农药出现变色沉淀；乳油农药出现沉淀、变色、分层，剧烈振荡后不能恢复至均匀液体等，出现以上现象表明农药已经失效或者变质，不宜购买，以防发生药害。同时，多数农药有效期为2年，因此严禁购买超过有效期和没有标明有效期的农药。

2.种子采购应该注意的问题。

（1）到正规种子经营单位购种。从事种子经营的单位必须持有营业执照和种子经营许可证，购种必须到正规种子经营单位，保证种子质量安全，杜绝种子风险。种子经营许可证申领必须具备相应的条件、必要的经营设施和技术力量等。因此，选择有资质、证照齐全的种子经营单位购种，各方面都能得到相应的保障。

（2）科学选用适宜品种。国家对主要农作物品种（小麦、玉米、大豆、棉花等）管理实行审定制度，审定通过的品种都是经过农业农村主管部门组织有关单位按严格程序进行试验、筛选出的适宜种植的优良品种，这些品种使用安全、性能适宜，有推广价值。切记不要盲目引种所谓新品种，一定要坚持种子先试验后推广的原则。此外，还要根据当地的地力条件、气候条件、栽培方式、种植茬口等因素来选择适宜的品种。

（3）注意检查种子包装及种子标签。《中华人民共和国种子法》规定没有包装的种子不准上市经营，因此，正规的种子必须附有包装和标签。购种时要选择包装数量适宜、包装良好的种子，同时要注意检查包装物上所标注的内容，不标注种子种类、品种名称、经营单位和地址的种子属于不合格种子。没有标注种子质量指标或标注指标低于国家标准的都属于劣种，这样的种子不能购买。要特别注意种子的品种特征、特性是否符合种植需要，栽培技术要点是否符合生产条件。

（4）要索取购种凭证。播种后要保存外包装，凭购种凭证和外包装，以便出现种子纠纷时及时处理。

3.化肥采购应注意的问题。

（1）要看销售方是否有经营化肥的营业执照和经营资格等合法手续，必须选择手续合法、有规模和有信誉的经销企业或生产企业购买。

（2）要阅读化肥产品合格证、肥料检验单，并索取购销凭证。

（3）国家标准《肥料标识内容要求》（GB 18382—2001）规定，肥料必须标明总养分的含量，不得将中、微量元素或有机质加到总养分中。要看肥料标识，分清肥料类别和性质；了解肥料的养分含量、用途、用法和注意事项。还要注意，复混肥料上标明含有氯或氯离子时，在烟草等忌氯作物上不用或慎用，在幼苗上使用要适当远离根部，以免烧苗。标有含硝态氮的肥料，在水田中慎用，以免硝态氮损失。

（4）要看肥料企业是否具有相关手续。例如：叶面肥、微生物肥必须办理农业农村部肥料登记证；复混肥料、有机肥料等要办理省级肥料登记证，复混肥料还要办理生产许可证等。

种子采购合同示例见附录五。

（二）农业生产的后端服务延伸

农产品生产完成后，只是初级产品，如果直接销售或者售卖原料，则产品的附加值被严重降低，价值难以实现最大化。因此，综合农事服务中心要做好农产品的后端服务，如农产品的烘干、加工和储藏服务，让好的产品产生更高的效益。山东诸城某农机专业合作社重点开展粮食的烘干、储藏和销售服务，2017年，该社建成高标准全钢架结构的机库房1 100平方米、综合储存库房7 000平方米，新上5台粮食烘干机，形成了从统一耕种到统一收获和粮食烘干、储存一体化的生产经营服务模式。2020年，该合作社收购储存和销售小麦16 000吨，烘干储存和销售玉米15 000吨，年粮食储存、烘干、销售纯利润达46.6万元，解决了合作社平时没活干的难题，并提高了农产品附加值。

1.粮食烘干机械选择和使用应注意的问题。烘干机的分类方式有多种，按粮食烘干机的不同结构和外观来分，可分为立式、塔式或平床式；按粮食在烘干机内的停留状态来分，可分为连续式或批式与循环式；按粮食烘干机的移动与否来分，可分为车载移动式或固定式；按粮食与气流在烘干机内的相对运动方向来分，可分为混流式、顺流式、逆流式、顺逆流式等。目前，山东地区应用的烘干机主要分为高温连续式烘干机和批式连续式烘干机，配置热源为燃煤型炉子、燃气型炉子、生物质颗粒型炉子，加热方式为间接热风加热。由于国家对环境保护要求越来越高，燃煤型炉子已被禁止使用。

高温连续式烘干机，适用于烘干粮食后作为饲料或工业酒精等原料使用的情况，虽然烘出来的粮食品相不高，但作业效率极高，目前最大规格的烘干塔，单台日处理量可达300～500吨。它的工作原理就是利用正压把热风压入烘干塔内部跟粮食进行热交换，因其属于快干型高温干燥，所以烘干出的粮食颜色有色差，色差形成原因是原粮水分不均和没有缓速时间等，因此高温烘干后只能做饲料用粮，在大型农场和饲料厂应用比较广泛。

批式循环式烘干机，适用于烘干后作为食品制作粮食使用，这种机型采用中低温烘干技术，烘出来的谷物不仅爆腰率低、碎粮少，而且色泽品相俱佳，有利于农产品价值增值。它的工作原理就是负压式干燥。大风机直接从炉子发热管里把热风以负压的方式引入烘干机械，使热风以间接接触的方式与粮食进行热交换达到烘干目的，粮食烘干水分散发是从胚芽处从里向外释放，因此烘干出的粮食没有色差，品相较好，用户比较容易接受。同时，批式循环烘干机具有操作简单、灵活、智能化程度高和用人工少等特点，市场上单机容量在30吨/台和40吨/台最受欢迎。此类烘干机的缺点是烘干效率远远低于高温连续式烘干塔，对于大型粮食加工、仓储企业粮食烘干有一定的局限性。

批式循环式烘干机在烘干小麦、玉米时，宜采取中温烘干模式。烘干小麦，为确保面筋含量和营养，建议进仓风温控制在80℃左右；烘干玉米，建议进仓风温设置在120～130℃，因玉米表皮没有保护，烘干过程很易破碎，采取120～130℃风温让玉米表皮快速降水形成角质硬化就能有效地减少破碎问题。

在选用时，山东地区建议选择批式循环式烘干机，上下无绞龙式，故障率低，烘干作业时机械传动部分对小麦和玉米磨损率较低。整机分为提升机、拨粮轮、上下流管和烘干层及缓苏层外加微电脑电控系统。选用单机30～40吨/批处理机型较为合适，做基础时要求地面硬化厚度不低于30厘米，并以配套热源生物质颗粒炉子比较合适。种植500～1 000亩粮食作物，建议配置2台30吨烘干机，1台120万卡①生物质颗粒炉子或2台45

---

① 1卡（cal）=4.187焦（J），1万卡=41.87kJ。

万卡燃气热风炉，5~8天就可完成烘干作业。以此类推，1 000亩地以上4~6台40吨烘干机就可以满足烘干需求，且比较容易实现工厂化流水作业。

2.粮食储藏加工应注意的问题。

小麦储藏保管应注意的问题如下：①趁热入仓、密闭储藏，是我国传统的储藏方法。操作时可根据小麦耐热性好的特点，利用盛夏高温曝晒小麦，将水分含量降到12.5%以下，使粮温达50~52℃，保持2小时，并趁热入仓，散装压盖，高温密闭，使粮温维持在40℃左右，10小时左右可杀死全部害虫。此后，粮温逐渐下降与仓温平衡，即转入正常密闭储藏。高温时间过长会影响小麦的发芽率。②低温冷却。粮堆保持一定的低温状态，对于延长种子寿命、保持品质有益。正常储藏的小麦，可在寒冷季节进行通风、翻动粮面，将粮温降至5℃以下，然后在气温回升前对仓房、粮堆进行密闭，这对抑制虫霉、保持品质有较好的效果。长期储存的低温粮要严防与湿热气流接触，以免造成麦堆表层结露。③严防害虫感染。小麦存放期的主要害虫是麦蛾、玉米象、印度谷蛾等。麦蛾、印度谷蛾成虫发生在粮堆表层，活动于空间，而玉米象在秋凉后则隐藏于麦堆深处。热密闭与冷密闭储藏是防治小麦害虫的有效方法，要加强管理，严格做好防止感染害虫的工作。

玉米安全储藏应注意的问题如下：玉米粮库保管的三项措施是干燥防霉、清理除杂、防治虫害。新收获的玉米水分较高，一定要及时进行干燥处理；入库1月左右，可借助秋冬交替的大好时机，及时进行通风散气，防止"出汗"。清理除杂主要是对玉米未熟粒、破碎粒、碎屑等杂质进行清理，提高粮食质量。对感染虫害的玉米，则要采用药剂熏蒸杀虫。存储时，玉米水分含量应保持在13%以下，粮温控制在28℃以下，这样储藏较为安全。在冬季，可利用低温通风对高水分玉米进行降温散湿，维持储粮安全；春初时节气温上升时，要通过通风、晾晒方式，及时把玉米水分降低至安全范围，保证储藏效果。

3.粮食销售应注意的问题。

综合农事服务中心具备一定的粮食储藏能力时，要根据自己的储藏能力和市场情况，做好储藏销售的工作。成熟期储存适量的粮食，待价格合适后，上市销售，可实现季节性差价收益。从部分合作社调研情况看，在储存3个月后，粮食季节差价在0.06元/千克左右。同时，要注意做好集团销售的工作。在农产品种植期就联系相应的粮食收储单位或者粮食加工企业，展开谈判，以销售批量和订单种植获取较高的销售价格，取得较好收益。

二、价值链提升

（一）打造品牌

品牌代表着特定的品质和价值，影响着消费者的购买行为，也直接影响着生产者收入。应让品牌帮助综合农事服务中心的农产品进入市场，为农产品增值，为成员致富，同时为消费者提供更健康、更安全、性价比更高的原生态农产品。当前，随着技术进步和互联网革命,农产品电商已成为新时代农产品销售的重要方式之一。农产品电商要想发展得好,离不开品牌的推动,因此,综合农事服务中心要特别重视农产品品牌的打造工作。

1. 讲好品牌故事。讲好品牌故事,身价翻几番。农产品要讲好故事,重点应突出三个方面:谁种的、哪里种的、怎么种的。谁种的,是指什么样的人种的,他们的精神与传承有什么独特之处;哪里种的,是指该地方有什么特点和稀缺性,只有这里能种出这么好的产品;怎么种的,是指要讲工序、讲工艺、讲手工、讲时间等。

2. 抢占公共资源。农产品都带有强烈的品类属性和产地属性。要打造农业品牌,首先要抢占公有的优质和特色产地资源,将产地和品类企业化,使品牌与"原产地""正宗"这些概念挂钩,并植入消费者心目中。在注册商标品牌时,要注重从地域特色(产品生产的山脉、河流、塘沟、土壤及有关地理等)、人文特色(如:名人、名山、名景、名书、名文等)、产品特色(正宗、高钙、富硒、专用等)入手,形成认同感较好的品牌产品。

3. 文化塑造品牌。文化能够使农产品的品牌增值。要学会挖掘、打造和传播与农产品有关的文化价值,特别是注重用当地的特色文化,塑造产品的稀缺性。潍坊峡山区忠信农机专业合作社就利用古代经典文章里对田野的内涵,注册了农产品"畎亩"商标。

4. 差异化农产品品牌。某种程度上说,竞争就是差异化。面对激烈竞争的农产品市场和高均质同类产品的竞争,一定要把自己产品的特点凸显出来,呈现产品差异化。比如在品牌命名上,要更有新意些;在产品创新上,注重从种养方式和品种改良入手,在产品上制造不同;挖掘提炼产品价值的差异化并加以彰显传播。

5. 创新农产品商业模式。解决传统农产品销售的中间环节多、渠道成本太高等问题,注重做好直接针对目标顾客的销售模式,实现从产地直达顾客、快速覆盖广大市场。

6. 注重内容营销。农产品营销需要创新,包括内容创新、模式创新、渠道创新、卖点创新、市场创新。通过创新在品牌与用户之间搭建起深层沟通的桥梁,形成让用户参与,与消费者共享品牌信息的口碑营销。

7. 产品深加工。由于农产品市场同质化严重,产品保质期短。通过对产品进行深加工,可以改变产品的原始形态,走向精深,并大幅度提升产品的附加价值,有效提升产品竞争力。

打造农业品牌、塑造品牌形象不仅是发展农业电商的有效方式,更是综合农事服务中心促进农产品销售,提高农产品附加值、提升竞争力的好方法之一。要注重依托自有资源,挖掘自身潜力,走品牌化农业的路子。

(二)做好差异化种植和特色化种植

差异化种植和特色化种植主要是利用农作物品种的差异和季节差等因素来提升农产品的价值,达到提高种植效益的目的。如种植小麦时,按照当地土壤情况,选择不同的小麦品种,形成不同的小麦品质来面向不同的用户,提升小麦的附加值,如加工成高强筋小麦、功能保健小麦等。再如通过不同的玉米品种和生长时差，种植鲜食玉米、青储玉米和饲料玉米等，以满足不同用户的需求，从而提高农产品价值，提升综合效益。

（三）做好农产品线上营销

1. 农产品+网络直播。这种方式主要是利用抖音、快手等网络直播平台，将农产品的销售通过网络直播的方式进行。通过对农产品生产过程的全程直播，建立了消费者对食品的信任，从而实现销售量大、价优。采用这种方式，应注意提高直播技巧，不断提高知名度，同时需要跟上后期服务，客户下完单要保证物流快递能及时将农产品送到客户手中。

2. 农产品+可视农业。"可视农业"主要是指依靠互联网、物联网、云计算、雷达技术及现代视频技术，将农作物或牲畜生长过程的模式、手段和方法呈现在公众面前。消费者可利用网络平台看到作物生长环境、农资、采收等生产的全过程，并实现远程下订单。近年来，随着电子商务的普及、商店对接餐饮的升级，可视农业平台改造升级传统农业的力度也越来越大。这种方式有效解决了传统农业市场通路、资金短缺和食品安全三大疑难问题，将低价格好产品输送到各个市场终端。该模式的缺点是投资大，需要的运营设备和人才投入相对较多。

3. 互联网+认养模式。这种产品认养的方式，可以让消费者直接参与到农产品的种植过程中来，一方面减少人工种植成本，另一方面提前将产品销售出去，较好地解决了农产品销售的问题。缺点是认养人可能会不固定时间来种植，因此要做好各项服务工作，出现特殊情况要及时与消费者沟通，避免产生矛盾。

4. 农产品+直销店。这种方式是实现直达用户的直销店模式，可大大减少农产品在运输、销售、配送等环节的中间损耗。通过减少中间渠道、降低农产品的价格，来提高农产品的质量并实现与用户的互动。但直销店对农产品的质量要求较高，适用于品牌优势明显的农庄。

5. 农产品+社群。这种方式就是让生产者与消费者联系起来，让消费者为农产品的种植生产提供资金和智慧，并参与农产品种植的过程，在互动中生产出优质的农产品。这种方式在提升农产品附加值、打通农产品流通环节方面能够发挥独特的作用，如建立"榴莲吃货群""樱桃爱好群""水果之王群"等。

第六章　高效栽培技术与机具及数字管理技术在综合农事服务中心的应用

粮食高效栽培技术与机具以及数字管理技术是实现粮食作物高产高效的重要手段。本章重点围绕农业生产全程托管过程中，主要粮食作物小麦、玉米种植中高效栽培技术与机具和数字管理技术的应用，以山东潍坊地区为例作介绍，其他地区可参考。

第一节　小麦规模化高产栽培技术与机具

一、小麦播前准备

（一）选择优良品种

每一个品种小麦各不相同，内在品质、生育特点、耐寒性、抗病性、耐旱、耐盐碱程度等都有着较大差别，选种时要根据自己的土壤条件、管理水平、种植模式、产品目标等进行选择。目前条件下，小麦的经济产量，高产麦田目标为600~700千克/亩，一般麦田为500~600千克/亩，较差麦田为500千克/亩以下。

1. 强筋小麦建议选用品种：济麦44、淄麦28、泰科麦33、徐麦36、济麦229、红地95、山农111、藁优5766、师栾02-1、烟农19号等。

2. 水浇条件较好地区，重点种植以下两种类型品种：一是多年推广，有较大影响的品种，如济麦22、鲁原502、山农28号、烟农999、山农20、青农2号、良星77、青丰1号、良星99、良星66、山农24、泰农18、鑫麦296；二是近几年新审定经种植展示表现较好品种，如烟农1212、山农29、太麦198、山农32、山农31、烟农173、山农30、菏麦21、登海202、济麦23、鑫瑞麦38、淄麦29、鑫星169、泰农33、泰科麦31、山农38等。

3. 水浇条件较差的旱地，主要种植品种：青麦6号、烟农21、山农16、山农25、山农27、烟农0428、青麦7号、阳光10号、菏麦17、济麦262、红地166、齐民7号、山农34、山农40、济麦60等。

4. 中度盐碱地（土壤含盐量2‰~3‰），主要种植品种：济南18、德抗961、山融3号、青麦6号、山农25等。

5. 种植特色小麦的地区，主要种植品种：山农紫麦1号、山农糯麦1号、济糯麦1号、济糯116、山农紫糯2号等。

（二）规范化种子处理

做好种子包衣、药剂拌种，可以有效防治或减轻小麦茎基腐病、根腐病、纹枯病等病害发生，同时控制苗期地下害虫危害。建议每公斤种子使用2.2%苯醚甲环唑+2.2%咯菌腈+22.6%噻虫嗪，21%戊唑·吡虫啉或30.9%吡虫啉+1.1%戊唑醇3~5毫升进行拌种，可有效降低早期根茎部病害和地下害虫的发生率。

二、精细化整地

良好的整地质量是提高小麦播种质量、实现高产稳产的基础条件。很多地方由于连年旋耕整地，使前茬作物秸秆处理不到位，影响播种，而且造成表层土壤病菌、杂草种子，虫卵富集，使病虫草害加重发展，特别是像节节麦、雀麦、小麦的茎基腐病等恶性杂草病害蔓延。旋耕还易形成坚硬的犁底层，不利于水分下渗和根系下扎，并使表层土壤过于疏松，造成小麦播种过深、出苗率降低、分蘖量不足、小麦抗寒抗旱效果差等后果，影响小麦产量的提升，故建议少用旋耕。

（一）结合秸秆还田实施深翻

1. 秸秆还田。使用具备秸秆还田功能的玉米联合收获机收获后，均匀撒施10~15千克/亩尿素调整秸秆碳氮比，以利于秸秆腐熟，有条件的可使用养殖粪肥或商品有机肥做基肥。为提高肥料利用率，不建议把全部化肥施入后深翻。

2. 大犁深翻。使用带副犁的翻转犁进行深翻作业，副犁要把秸秆及表土带入墒沟，耕深要均匀，深度25~30厘米，做到破除犁底层，秸秆掩埋彻底。坚持每年深翻，可提高熟土层深度，有效地减轻病虫草害危害，消除秸秆还田对播种质量的影响。不建议秸秆还田后旋耕整地。

（二）结合碎土整平进行镇压

旋耕整地易造成麦田土壤疏松、透风跑墒，秸秆上翻，影响播种，可在深翻后用带有镇压辊（120千克/米）的动力耙进行整地，打碎土块，紧实土壤，播深易控，秸秆不易上翻，保墒效果好，播种后能够使种子与土壤紧密接触，促进根系生长和下扎，提高小麦抗旱能力。如果用立旋双镇压播种机播种，可免除本作业环节。

三、规范化播种

山东潍坊粮区土壤以黏土类型为主，耕作性能较差，造墒播种又会造成农耗期过长，同时，为了增加玉米产量又必须适期晚收，这样就造成收、种间隔期过短。为保证小麦适期播种、适量播种，建议运用小麦立旋双镇压播种等绿色高质高效生产技术，实现苗齐、苗匀、苗壮。

（一）适期播种

适播期的气温应满足冬前0℃以上积温570~650℃，即平均气温16~18℃时播种为宜。山东地区小麦适宜播期一般为10月1日至10月10日，小麦茎基腐病发生较重地块，可推迟到10月15日前后播种，如不能在适期内播种，要注意适当加大播量，做到播期、播量相吻合。

（二）适量播种

在适期播种情况下，分蘖成穗率低的大穗型品种，每亩适宜基本苗15万~18万；分蘖成穗率高的中多穗型品种，每亩适宜基本苗13万~16万株。在此范围内，高产田宜少，中产田宜多。晚于适宜播种期播种，每晚播2天，每亩增加基本苗1万~2万株（亩播量增加0.5~1千克）。要大力推广小麦立旋双镇压播种技术，播种深度3~5厘米，播种机行进速度以每小时5千米为宜，以保证下种均匀、深浅一致、行距一致、不漏播、不重播，培育冬前壮苗。

播种规格应充分考虑农机农艺结合的要求，按照下茬玉米机械种植规格的要求，确定好适宜的小麦播种行距，中低产田一般为23厘米左右，高产田为26厘米左右。

（三）高效精播，播后镇压

为实现高效精播，可选用种肥同播带镇压装置的小麦精量播种机械。推荐使用小麦立旋双镇压小麦精播技术，其可实现施肥、碎土整平、镇压、播种、再镇压一体化作业；仿地形设计，能够实现高效率精量匀播，播深一致。小麦播后镇压可提高小麦苗期抗旱能力和出苗质量。如果播种机没有镇压装置，建议在小麦播种后用专门的镇压器进行镇压，保证小麦出苗后根系正常生长，提高抗旱能力。种肥同播可显著提高肥料利用率，播种时，可把30%左右的肥料播入麦田。

四、标准化田间管理

田间管理一定要看天、看地、看苗情。建议采用滴灌与水肥一体化管理技术，一是可以显著提高水肥利用率；二是可减少浇水施肥用工；三是土壤通透性好，可以使根系活性高，抗寒、抗冻、抗干热风、抗早衰能力增强。这一技术可与其他技术结合使用，春季镇压时进行滴灌系统铺装。

在肥料使用上，以600千克/亩产量为例，需要氮肥16千克、P_2O_5 8千克、K_2O 8千克，基肥30%左右作种肥播入地内，拔节肥40%左右，灌浆肥30%左右。磷肥容易被固定且移动慢，可以全部基施，也可以水溶性磷肥40%左右在拔节期使用，要注意因地制宜，北部麦区，土壤偏碱，含钾量高，可以不用使用钾肥。采用水肥一体化技术效果最好。

（一）冬前管理

1. 浇好出苗水。山东中部麦田土质偏黏，建议墒情不足时播种后浇蒙头水，不要浇大水，以免土壤板结影响出苗，最好用微喷设备亩浇水5~10立方米。

2. 镇压。对于整地质量差、地表坷垃多、表层土壤松暄、播种机没有镇压装置的麦田，可在冬前结合浇水或降雨后进行1~2次镇压，压碎坷垃，弥实裂缝，踏实土壤，使根系和土壤紧实结合，提墒保墒，促进发育。对于冬前旺长麦田，可以视苗情长势，采用镇压2~3次，既可控旺长，又可踏实土壤，并能防透风、防冻害。用立旋双镇压精播机播种的麦田无需镇压，应防止镇压过实，造成土壤板结。

3. 适期浇好越冬水。浇越冬水能有效防止小麦冻害，为翌年返青保蓄水分，做到冬水春用，春旱早防，还可以踏实土壤，粉碎坷垃，消灭越冬害虫。因此，一般麦田，尤其是悬根苗，以及耕种粗放、坷垃较多及秸秆还田的地块，要浇好越冬水。浇水的时间要因地制宜。对于地力差、施肥不足、群体偏小、长势较差的弱苗麦田，越冬水可于11月下旬早浇，并结合浇水追肥，一般每亩追尿素10千克左右，以促进生长；一般壮苗麦田，当日平均气温下降到5℃左右（11月底至12月初）夜冻昼消时，浇越冬水为最好，早浇气温偏高会促进生长，晚浇会使地面结冰冻伤麦苗，要在麦田上大冻之前完成浇越冬水。浇越冬水要在晴天上午进行，浇水量不宜过大，但要浇透，以浇水后当天全部渗入土中为宜，切忌大水漫灌。浇水后要注意及时划锄，破除土壤板结。如果冬前降雨能够满足要求，经镇压作业后，无需浇冬水。

4. 适时化学除草，做好病虫害防控。冬前化学除草效果好于早春，要在小麦3叶后且最低气温在5℃以上时实施。防除阔叶杂草，可每亩用40%唑草酮水分散粒剂4~6克，或200克/升氯氟吡氧乙酸乳油50~70毫升，或50克/升双氟磺草胺悬浮剂5~6毫升，兑水30千克对茎叶进行喷雾。防除禾本科杂草，可亩用30克/升甲基二磺隆可分散油悬浮剂20~35毫升，或69克/升精噁唑禾草灵水乳剂40~60毫升，或70%氟唑磺隆水分散粒剂2~4克，兑水30千克对茎叶进行喷雾。冬前苗期应注意查治灰飞虱、蚜虫、地下害虫等害虫，预防小麦丛矮病等。防治蚜虫，可亩用4.5%高效氯氰菊酯乳油20~30毫升，或10%噻虫·高氯氟悬浮剂10~15毫升，兑水30千克喷雾防治，同时注意防治田边杂草上蚜虫；若小麦播种时，选用的种衣剂含有噻虫嗪或吡虫啉成分，不必再进行蚜虫的喷药防治。

注意：要交替轮换用药，延缓病虫抗药性发展。雀麦发生较重地块可选用4%啶磺草胺（优先）或70%氟唑磺隆（彪虎）；节节麦发生较重地块可选用"甲基二磺隆"，药后不能出现大幅降温天气，否则小麦会出现矮化、褪绿等现象。深翻地块一般无需进行杂草防治，但要注意地头杂草发生状况，要严格用药量控制，不能过量和重喷。

（二）春季及后期管理

1. 早春镇压。早春镇压有利麦苗返青和分蘖，开春后随着气温缓慢上升，大风天气增多，麦田土壤水分蒸发量显著增大，而过早浇水虽然能增加墒情，但会明显影响地温，使小麦返青变缓，影响麦苗升级转化，因此早春镇压就显得尤为重要。

早春镇压可抑制干土层发展，保墒提温，是促进弱苗转壮的重要措施，麦田镇压后可以破碎土坷垃，弥合裂缝，压实表层干土，减少土壤水分蒸发，防止麦苗出现萎蔫现象,同时促进了根系与土壤的密切接触,增强了根系吸收水分、养分的能力,对于促进麦苗的升级转化效果明显。旺长麦田可控上促下,对防止后期倒伏、促进两级分化时的麦脚利落、减轻病害发生作用尤为明显。

从技术层面分析,镇压可压紧表土、压平土面、压碎土坷垃,减少大孔隙,防止漏风跑墒,使干土层减薄。例如:在一般土壤上不镇压的地块干土层有5厘米,而镇压过的地块干土层只有2厘米。不镇压,深层水汽上不来,镇压可以接通土壤毛管,水汽上来起到提墒作用,可使耕层土壤含水量增加约1%~3%。镇压还可以提高土壤的导热性,有利于地气上升,起到保暖升温的作用,促进根系生长和适时返青。

早春镇压应注意镇压时间,以回暖天气(最高气温超过3℃),中午前后、麦苗解冻变软、地表坷垃解冻变酥后进行;镇压时要注意土壤条件,土壤过湿不压,有露水、冰冻时不压,盐碱土不宜镇压,以免引起返盐。应根据土壤情况,调整镇压器质量和速度,因地制宜地进行镇压。对于有旺长趋势的麦田还可以多次镇压,以促下控上,加速根系发育,促进大蘖成穗,加速小蘖死亡,提高成穗率与整齐度,缩短基部第一、二节间的长度,塑造合理的群体,减少后期病害与倒伏的发生概率,增加产量与效益。

滴灌与水肥一体化设备可以结合镇压或者在镇压之后进行铺设,按照技术要求进行。

2. 水肥管理。浇水时要根据品种、地力、墒情和苗情,按照旱情先重后轻,先砂土地后黏土地,先弱苗后壮苗的原则进行。要结合浇水和苗情,配合使用肥料。一类麦田,突出氮肥后移;二类麦田,促进春季分蘖的发生,提高分蘖成穗率;三类麦田,以促为主,旺苗麦田,以控为主,控促结合,旱地麦田,以提墒、保墒为重点。分蘖成穗率低的大穗型品种,在拔节初期(雌雄蕊原基分化期)追肥浇水。分蘖成穗率高的中穗型品种,地力水平较高时,群体适宜的麦田,宜在拔节初期或中期(药隔期)追肥浇水;地力水平高、群体适宜的麦田,宜在拔节后期(旗叶露尖)追肥浇水,灌水量40米/亩左右。如果使用滴灌与水肥一体化设备,浇水20~30米/亩即可。

3. 喷施化控剂:在小麦起身期前后,每亩用40毫升壮丰安兑水约40~50千克进行叶面喷雾,防止麦田后期倒伏。群体偏旺麦田,除喷壮丰安外,还要进行镇压。

4. 化学去除杂草:春季3月上中旬小麦返青后及时开展化学除草。对以阔叶杂草为主的麦田可采用5.8%麦喜乳油10毫升/亩或20%使它隆乳油50~60毫升/亩;对禾本科杂草重的可用3%世玛乳油25~30毫升/亩,茎叶喷雾防治;阔叶杂草和禾本科杂草混合发生的可用以上药剂混合使用。

5. 浇好挑旗、灌浆水:小麦挑旗和灌浆时对水分需求量较大,要及时浇水,使田间持水量稳定在70%~80%之间,一般应于开花期进行。如小麦挑旗期墒情较差,可适当提前至挑旗期浇水;如小麦开花期墒情较好,可推迟至灌浆初期浇水,灌水量40米/亩左右。如果使用滴灌与水肥一体化设备,可以随浇水追施尿素10千克/亩。

6. 根外追肥:在小麦开花灌浆期间,结合防控病虫害,叶面喷施磷酸二氢钾+2%氮肥,以防早衰,促粒重,也可喷两次太谷乐。

7. 综合防治病虫害:小麦生长期间,要搞好预测预报,适时防治病虫害,特别要做好对蚜虫、红蜘蛛、白粉病、锈病、纹枯病等病虫害的防治。

（三）适时收获

蜡熟末期收获，蜡熟末期籽粒的千粒重最高，籽粒的营养品质和加工品质也最优。蜡熟末期的长相为植株茎秆全部黄色，叶片枯黄，茎秆尚有弹性，籽粒含水率为22%左右，籽粒颜色接近本品种固有光泽、籽粒较为坚硬。要用带有秸秆粉碎和抛撒器的小麦联合收获机收割。

五、小麦生产新型机具介绍

（一）耕整地机械

1. 翻转犁

此处以潍坊明新一中农业机械有限公司1LFT-4A液压翻转犁（见图6-1）为例进行介绍。

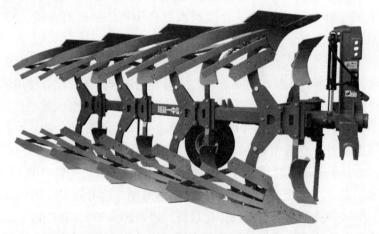

图6-1　潍坊明新一中农业机械有限公司1LFT-4A液压翻转犁

该机主要特点如下：

采用了优质材料和先进的金属加工工艺，细节设计尽显人性化。入土快、通过性和碎土性好、双向翻转灵活、使用保养方便简单，翻转调幅犁的工作宽度可调整，犁体由经过特殊热处理的特质钢制成，具有高度抗冲击、抗耐磨能力；限深、运输两用轮，在工作中使其深度保持一致，在运输中又可做为行走轮，实现在工作、运输状态间轻松切换。伸缩油缸可以轻松实现上下犁的翻转作业，翻转平稳。在犁体翻转时，限深轮与架体由链条连接制动，化解了翻转时的冲击负荷；较大的犁体间距和犁架离地间隙，保证了犁地作业时良好的通过性。

2. 驱动耙

此处以潍坊悍马农业装备有限公司1BQ-2.6（重型）深松驱动耙（见图6-2）为例进行介绍。

图6-2　潍坊悍马农业装备有限公司1BQ-2.6（重型）深松驱动耙

该机具的主要性能特点如下：

深度碎土，打破犁底层而不破坏土层结构，碎土均匀，效果好，避免了大土块的出现；旋转刀水平旋转深入硬土层，一机多用，土地开荒或已开荒土地都比较适合，特别适宜于大姜、牛蒡等经济作物的土地深耕；秸秆灭茬还田时，残株的搅拌、粉碎效果好。平土板跟压土辊保证了土壤的平整及压实效果，防止水分蒸发，创造了良好的种床，保证了种子发芽率。另外配有弹齿过载离合器，保护拖拉机及驱动耙箱体免受损害，更新升级刀盘快速换刀系统，使用更方便快捷；加强齿轮箱结构设置，主传动箱一级传动，强度更高，选配超大型号轴承，中间齿轮粗花键轴，主传动花键轴加粗，每组齿轮梅花帽锁紧处，大梅花帽锁紧，结构简单永不松动；刀盘采用卡库式结构，方便简捷、牢固，耐用性更强，故障率更低。主要适用于土地耕种和种床准备，工作幅宽为1.25～4.7米，配套50～280马力拖拉机。

（二）播种机械

1.立旋整地智能小麦精量播种机

此处以潍坊悍马农业装备有限公司2BLZ-300型立旋整地智能小麦精量播种机（见图6-3）为例进行介绍。

图6-3　潍坊悍马农业装备有限公司2BLZ-300型立旋整地智能小麦精量播种机

该机的主要性能特点如下：

能一次性完成旋耕、播种、镇压、覆土，作业平整，覆盖好；耕后即播，有效防止水分蒸发，不跑墒，提高发芽率；立旋整地，避免了秸秆与土壤混杂；减少机械作业次数，节约了成本，提高了作业效率；驱动耙整地平整，碎土率高，为小麦创造了良好的种床。

2.条播机

此处以河北农哈哈机械集团有限公司的2BXF-14小麦播种机（见图6-4）为例进行介绍。

图6-4　河北农哈哈机械集团有限公司的2BXF-14小麦播种机

该机主要性能特点如下：

该机采用新型种箱、钉轮式排种器，可高速作业，播种量精准；配有粗细两种钉齿，可播任何谷物类种子、油菜等；变速箱输出轴与排种轴之间采用齿轮传动，播量调整精准方便。采用新型分施化肥箱，可旋转排肥口，调整灵活不堵肥料；盖板调节施肥量，在肥箱装有肥料时，可轻易调整施肥量大小。实现种肥分施，不烧苗。开沟器为圆盘开沟器，可选配宽苗带圆盘开沟器、方圆管镂角开沟器、弹簧腿开沟器等开沟器。

（三）植保机械

1.无人植保机

此处以潍坊创鸿科技有限公司C22植保无人机（见图6-5）为例进行介绍。

图6-5　潍坊创鸿科技有限公司C22植保无人机

该机主要性能特点如下：

在自主作业模式下，无人机将自动向前飞行进行作业，用户可根据自身喜好，自行切换最佳操作模式，实现人性化设计；整机拆卸方便，机臂可拆、可折、可拔，螺旋桨插拔设插拔式药壶和电池设计，作业更便捷。转场方便，安装快捷。具有断点续喷功能，即药箱药液不足时，飞机自动记录断药点后，自主返回起飞位置，加药方便；加药后，飞机自动飞回断药位置，继续喷洒工作。飞行数据实时存储，长期保存，便于作业后数据管理，首次规划航线数据永久保存，不用再重复规划航线。在飞行过程中，会进行药量检测。当药量低于警戒值时，将闪灯提示，关闭水泵，并记录续喷点，且延时时间可调节；具有低电压保护、二级电压保护功能，实时提醒，当电压不足时，自动返回并平稳降落，保证飞机安全。具有失控保护功能，当信号中断、遥控器失联时，飞机会保持稳定姿态和安全高度并自动返回起飞位置，安全着陆。具有全方位自主避障功能，遇到障碍物时，通过雷达感知，自动避障。RTK厘米级定位，精度更准确，飞行更安心；配备地面跟随雷达，适用于不同环境和地块，梯田、丘陵、山地等作业环境，保证无人机与作物高度不变。作业高度、速度、幅宽可调，满足不同作物病虫害防治需求。

2.自走式植保机

此处以潍柴雷沃重工股份有限公司3WP-500自走式喷杆喷雾机（见图6-6）为例进行介绍。

图6-6 潍柴雷沃重工股份有限公司3WP-500自走式喷杆喷雾机

该机主要性能特点如下：

整机重心低、过地垄能力强，稳定性高；前、后桥均带差速锁，可有效解决打滑问题；前、后轮均采用转向油缸，转向阻力小，可轻松实现同步转向，前轮与后轮轨迹相同，对作物的踩踏少；进口洋马发动机，最大功率22.7马力（公制马力），具备良好的抗噪和抗振性能，省油，经济性好；进口ARAG喷头，施药精准，可靠性高；雾化效果好，有效减少农药使用量约15%；吸水系统，2级过滤，防止水池中的杂物进入药箱，保证水的清洁度；喷洒系统，3级过滤，保证药液浓度。采用3段式、可折叠喷杆，喷杆采用铝合金材质，重量轻，抗腐蚀性好；药箱和水箱集成化设计，嵌套安装，可分离，可组合，节约空间；药箱容量500升，可满足大面积田块的连续作业；水箱容量20升，可实现驾驶员与整车一次性冲洗；燃油箱容量为28升，可满足长时间连续工作的需求，续航能力强；特殊塑料材质，可有效防止药液腐蚀。一体化全玻璃防护罩，视野宽广，不影响整机作业；工作时，可有效防止药液损伤驾驶员；采用无极变速技术，无需离合器，1只手柄可实现前进、后退、增速、减速等切换；提供行走挡、喷药挡、爬坡挡3种不同档位选择，使驾驶更简单。

（四）灌溉机械

此处以河北农哈哈机械集团有限公司JP90-330绞盘式喷灌机（见图6-7）为例进行介绍。

图6-7　河北农哈哈机械集团有限公司JP90-330绞盘式喷灌机

该机关键性能技术指标如下：

绞盘回收动力：采用扼流（直冲）式水涡轮驱动，保证在入机水压（0.3兆帕）情况下正常作业；扼流式水涡轮与减速齿轮箱为一体组装结构，传输动力直接。

减速齿轮箱：采用6挡6速变速齿轮箱结构设计（而非电机或柴/汽油机结构），回收速度可调范围在4～105米/时，满足不同作物的浇水量。

喷头车升降装置：采用手动液压泵系统控制喷头车升降及侧支腿伸缩，操作中省时省力，方便快捷。

传动方式：减速齿轮箱向绞盘传送动力方式为齿轮与齿圈转动，相比链条传动方式，齿轮传动性能稳定可靠。

折叠式淋灌架：采用折叠方式进行展开和折回，长度不低于35米，喷洒幅宽不低于38米，出水量40～50立方米/时，淋灌架可以360°旋转躲避田间障碍物。

（五）收获机械

1.自走式小麦收获机

此处以潍柴雷沃重工股份有限公司谷神4LZ-8E2自走式谷物联合收割机（见图6-8）

为例进行介绍。

图6-8 潍柴雷沃重工股份有限公司谷神4LZ-8E2自走式谷物联合收割机

该机主要性能特点如下：

配装共轨175马力发动机，动力强劲，作业高效；采用920毫米过桥，喂入通道通畅，输送能力增强，作业速度快、效率高；采用复合式脱粒分离滚筒，脱粒分离能力更强，并有效降低工作负荷，降低油耗，提升作业收益；采用全新优化的封闭式高位卸粮筒，液压控制旋转，在驾驶室就能轻松完成卸粮工作。驱动轮中心距为1 805毫米，乡间道路通过性强，适合中原跨区作业；采用板翅式散热水箱，散热效率高，能轻松应对高温作业天气；整机采用集中润滑方式，操作更简单，维护保养效率提高；换装不同割台及附件，可实现玉米、谷子等作物的收割，一机多用，综合收益高；封闭式轮边减速器，密封好，工作可靠，使用寿命长，适合长距离跨区作业；配备液控主离合，操作方便、省力，能有效降低作业强度。

第二节 玉米规模化高产栽培技术与机具

一、播前准备

（一）品种选择

1.粒用：伟科702、登海605、京农科736、郑单958、鑫瑞76、立原296、青农11、登海652、明科玉77。

2.粮饲兼用：伟科702、鲁单9088、农大372、裕丰303、迪卡653。

3.饲用：豫青贮23、郑青贮1号、德单123。

4.籽粒直收：登海518、金来376、鲁星5163、奥原7号、汶单307、郑原玉432、鑫瑞25。

（二）种子处理

玉米播种之前一定要二次包衣，主要原因：一是种子公司制种量大，造成包衣不均匀，没有考虑到当地病虫害发生的严重性，造成初次包衣用药量不够，不能有效控制病虫害的发生。二是为降低成本，往往选择防效单一、廉价的种衣剂，不能够病虫双防，部分玉米种包衣仅具有防虫效果，对土传病害无防效。三是种子从种子公司包衣、分装出厂，等到来年播种时大概要经过半年的时间，这期间拌种的药剂会经受自然挥发、加工、运输、销售等环节的自然摩擦，极易造成种衣剂脱落，使得玉米播种后，很难达到苗齐苗壮抗病的效果。玉米二次包衣可以显著提高玉米种子发芽和幼苗的正常生长率，不但使根系发达，须根增多，提高玉米的品质，而且可以激发该玉米品种增产的内在潜力；玉米二次包衣可以有效防治虫害病害，达到苗齐苗壮，根系发达，形成壮苗，为玉米高产奠定良好基础；玉米二次包衣后，能够减少用药次数，降低生产成本，实现增产增效。

1.防治对象：病害包括玉米苗期的粗缩病、黑穗病、根腐病、立枯病等；地下害虫包括蛴螬、金针虫、地老虎、蝼蛄等；地上害虫包括蚜虫、灰飞虱等。

2.二次包衣方法。播种前，可用20%氯虫苯甲酰胺、吡虫啉、噻虫嗪等杀虫剂和戊唑醇、咯菌腈、精甲霜灵等杀菌剂拌种，使每粒种子均匀着药，晾干后播种。注意：三唑类杀菌剂低温时有抑芽作用，春季使用要注意。

二、规范化播种

（一）精细播种

玉米每提前一天播种，后期会增加3~5天灌浆时间，但是如果土壤含水量不足，播种后种子不能及时萌发，就失去了早播的意义。麦收后要立即抢茬直播，采用单体浮动指夹式或者气吸式播种机等进行播种，等行距一般应为60厘米左右，播种深度为3~5厘米，深浅、株距要均匀，墒情不足时要立即浇水，亩水量5~10米。

（二）群体控制

要根据品种特性确定密度，不能过密或过稀。一般紧凑型玉米品种为5 000株/亩左右，大穗型品种为4 000株/亩左右。

三、全过程管理

（一）施肥

夏玉米施肥原则：轻施苗肥、重施大口肥、补追花粒肥。施肥量按照每生产100千克籽粒需N、P_2O_5、K_2O分别为2.5千克、1千克、2千克。一般高产田750千克/亩，需要氮（N）18千克，磷（P_2O_5）7.5千克，钾（K_2O）15千克，考虑到土壤地力，推荐亩N、

P_2O_5、K_2O用量分别为15千克、6千克、8千克。折合尿素30千克,标准过磷酸钙35千克。氯化钾13千克。玉米对锌敏感,每亩增施1千克硫酸锌。

施肥时期及方法:高产夏玉米的施肥一般分为种肥(或苗肥)、穗肥、花粒肥三次施用。在规模化生产中,如果没有水肥一体化设施,可分两次施入,把花粒肥提前到穗肥使用。如果有滴灌与水肥一体化设备,可根据苗情,灵活掌握时间与肥量。

种肥(苗肥),玉米播种时,施肥15千克/亩(N:P:K=15:15:15)左右+锌肥1千克,注意要与苗带分开,防止烧苗。

穗肥,在玉米大喇叭口期(叶龄指数55%~60%,第11~12片叶展开)追施复合肥(N:P:K=15:15:10)20千克,深施以促穗大粒多。

花粒肥,在籽粒灌浆期追施总氮量的20%,一般尿素20千克/亩,以提高叶片光合能力,增大粒重。

此外,也可选用玉米缓(控)释专用肥,苗期一次性施入。

(二)灌溉

夏玉米各生育期适宜的土壤水分指标(田间持水量的百分数)分别为:播种期75%左右,苗期60%~75%,拔节期65%~75%,抽穗期75%~85%,灌浆期67%~75%。除苗期外,各生育时期田间持水量降到60%以下均应及时浇水。

(三)病虫草综合防治

1. 杂草与灰飞虱防治。播种后,墒情好时可直接喷施40%乙·阿合剂200~250毫升/亩,或33%二甲戊乐灵(施田补)乳油100毫升+ 72%都尔乳油75毫升+ 50升水进行封闭式喷雾。如果没有二次拌种,同时加10%的吡虫啉10克,在化学除草的同时兼治灰飞虱(非常重要);墒情差时,玉米幼苗3—5叶、杂草2—5叶期喷施4%玉农乐悬浮剂(烟嘧磺隆)100毫升/亩,也可在玉米7—8叶期使用灭生性除草剂20%百草枯(克芜踪)水剂定向喷雾处理。

2. 主要病虫防治。

(1)苗期虫害。苗期虫害主要是指蓟马和黏虫、棉铃虫、二点委夜蛾等鳞翅目害虫。如果没有进行二次拌种,蓟马可用10%吡虫啉可湿性粉剂1 000倍、3%啶虫脒可湿性粉剂1 500倍液喷雾防治;鳞翅目害虫可亩用2.5%高效氯氟氰菊酯乳油50毫升、1.5%甲氨基阿维菌素苯甲酸盐乳油20毫升、3.2%甲维·氯氰乳油40~60克或5%氯虫苯甲酰胺乳油20毫升兑水30kg喷雾进行防治。

(2)玉米螟防治。有条件的可选用小型无人机对玉米螟开展超低量喷雾防治,具体方法为:在6月上中旬左右一代玉米螟卵孵化盛期(玉米大喇叭口期)使用20%氯虫苯甲酰胺悬浮剂10毫升/亩或34%乙基多杀菌素、甲氧虫酰肼悬浮剂30毫升/亩或阿维、氯苯酰悬浮剂40毫升/亩或45%甲维、虱螨脲水分散粒剂15克/亩进行无人机喷雾作业防治,各处理均需加飞防专用助剂30毫升/亩,局部严重地区于8月上旬左右二代玉米螟卵孵化盛期(玉米灌浆期)可再次施药防治。

（3）锈病防治。发病初期用25%粉锈宁可湿性粉剂1 000～1 500倍液，或者用50%多菌灵可湿性粉剂500～1 000倍液喷雾防治。

（四）浇水

玉米苗期抗旱能力很强，一般不用浇水。玉米抽穗开花期是生殖生长时期，对缺水极为敏感，吸水量达一生中最高峰，缺水将造成严重减产，土壤含水量宜保持在田间持水量的80%左右。从授粉到乳熟末期，是玉米产量形成的主要阶段，干旱对产量的影响仅次于抽穗期，这期间土壤水分应维持在持水量的70%，以免植株早衰，确保养分送向籽粒，使籽粒饱满。灌浆后，进入完熟阶段，仍需总需水量的约4%～7%，以保证籽粒完全成熟。

四、适时收获

玉米成熟期即籽粒乳线基本消失、基部黑层出现时收获，用玉米联合收获机收获，同时进行秸秆还田，以培肥地力。

五、玉米生产新型机具介绍

（一）播种机械

1.气吸式玉米免耕播种机

此处以山东德农农业机械制造有限责任公司2BMQYF-6/6牵引型气吸式玉米免耕播种机（见图6-9）为例进行介绍。

图6-9　山东德农农业机械制造有限责任公司2BMQYF-6/6牵引型气吸式玉米免耕播种机

该机主要功能特点如下：

可满足不同作业地块、不同种植方式。可实现单粒播种，精播可减少种子用量，降低种子成本，一般可节省种子8%～10%。提高播种精密度，株距合格率可达到87%～94%。漏播率、重播率明显降低（低于机械式播种机）。播种适应性强，对长圆、扁、大、中、小等各种类型的作物种子都能满足播种要求。对种子几乎不造成伤害。可实现高速播种。该机可选装红外线电子控制系统，对排种器吸籽盘播种情况进行识别，对播籽数量准确记录，对断籽情况及时报警。

2.指夹式玉米播种机

此处以潍坊悍马农业装备有限公司2BMZYF-6指夹式玉米播种机（见图6-10）为例进行介绍。

图6-10　潍坊悍马农业装备有限公司2BMZYF-6指夹式玉米播种机

该机主要性能特点如下：

可满足不同作业地块、不同种植方式。可实现单粒播种，精播可减少种子用量，降低种子成本，一般可节省种子6%~8%。能提高播种精密度，株距合格率可达到90%~94%。漏播率、重播率明显降低。播种适应性强，各种类型的作物种子都能满足播种要求。对种子几乎不造成伤害。可实现高速播种。

（二）收获机械

1.玉米籽粒收获机

此处以潍柴雷沃重工股份有限公司4YL-5M自走式玉米籽粒联合收获机（见图6-11）为例进行介绍。

图6-11　潍柴雷沃重工股份有限公司4YL-5M自走式玉米籽粒联合收获机

该机主要性能特点如下:

该机拥有获得多项创新专利的纵轴流脱粒分离技术,结构紧凑,滚筒直径600毫米,脱粒分离面积2.75平方米,分离彻底;920毫米宽过桥,喂入顺畅,输送能力增强,作业速度快,效率高;φ600毫米×3 145毫米脱粒滚筒,清选室宽度1 000毫米,清选面积3.2平方米,谷物籽粒清选干净,效率高;φ260毫米封闭式高位旋转卸粮筒,卸粮速度快;2.6立方米大粮仓,容积大,能减少卸粮次数,提高作业效率;割台升级提速,喂入通畅;籽粒升运器加宽,效率高,不堵塞。标配智能终端,作业量、作业状况远程掌握,能实时推送农况信息、服务信息;配备8英寸真彩触屏智能显示器可实现工况参数实时指示、报警,配备MP3播放、数字调频收音机等功能;电控操纵手柄集成拨禾轮升降、割台升降按键进行全新升级设计,可靠性高,操纵方便;智能控制器控制发动机安全启动,非空挡启动时,机器无法启动,同时智能仪表会警示操作者;滚筒无级变速系统增设电子闭环控制,滚筒转速稳定;配备5行玉米割台,可选配其他多种割台(不同割幅的小麦割台、高粱割台),纵轴流滚筒采用液压无级变速调节,适宜收获难脱、易破碎作物,主收玉米,换装专用部件收获小麦、水稻、大豆、高粱、谷子等作物;区域适应性强,适合不同区域作业工况,可满足不同季节、全时段作业需求;关键部位轴承、皮带采用进口元件,可靠性高;转向轮胎为越野胎,耐磨性好。

2.自走式玉米联合收获机

此处以潍柴雷沃重工股份有限公司谷神CP04玉米收获机(见图6-12)为例进行介绍。

图6-12 潍柴雷沃重工股份有限公司谷神CP04玉米收获机

该机主要性能特点如下:

采用650mm标准作业行距,行距适应性广,作业速度快;配套160马力名优发动机,性能稳定,节油环保,动力充沛;优化设计的升运及排杂系统,使作业流畅,不堵塞;4.3m^3大果穗箱,能减少卸粮次数,提高工作效率。五组纵向平置式组合剥皮辊,剥皮效果好,使用寿命长;割台低倾角设计,收获倒伏效果好;多叶片风机,送风量大,提高排杂能力;还田机齿轮箱进一步优化,可靠性提高30%;国内1000系列优秀驱动桥,可靠性高,驱动能力强;全视角豪华弧形驾驶室,可视性好,视野更开阔;配置可视检测系统,能随时掌握工作部件运行情况,提高观察方便性。

3.玉米青贮收获机

此处以河北牧泽农牧机械有限公司4QZ-18A青饲料收获机(见图6-13)为例进行介绍。

图6-13　河北牧泽农牧机械有限公司4QZ-18A青饲料收获机

该机主要性能特点如下:

选用潍柴360马力发动机,油耗低,动力强劲。采用转盘割台可收割3.5米及以上高度的作物,并能保证喂入更顺畅,切段更整齐。采用专业对辊籽粒破碎装置,两辊差速大,破碎率高,可达100%,通过性能好,进入异物可排出,直径大,转速低,轴承负荷小,可靠性高。采用滚刀剪切,切段整齐,并能节省动力。传动简单可靠柔性结合,无冲击,操作方便,铡切长度8~22毫米无级调整。配有二次抛送风机,抛送距离在10米以上,物料流稳定连贯,跟车方便。加装自动磨刀装置,在保持动刀锋利的同时还能保证一致的动定刀间隙从而持续保证铡切质量。加装了进口技术自动注油系统,保证轴承寿命,提高机器的稳定性。驾驶室有倒车影像及抛送桶监控,驾驶员能轻松了解机器作业情况。轮胎采用500子午线真空宽胎,降低对作业地面的压实度,行驶和作业的平稳性提高。无论是抛送筒的升降、旋转还是割台的升降主动力的结合全部采用电控操作,按钮控制,方便省力。

(三)产后处理机械

1.烘干机械

此处以潍坊友联机电设备有限公司5HYL-35/5HYL-25谷物烘干机(见图6-14)为例进行介绍。

图6-14 潍坊友联机电设备有限公司5HYL-35/5HYL-25谷物烘干机

该机性能特点如下:

干燥结构采用热风混流设计,使谷物在干燥层呈"S"形双向交叉下降,加大了干燥元件与谷物的接触面积,达到最佳干燥效果;热风流向合理,不会因干燥层内部温度不均造成谷物爆腰、碎米、干湿粒;独特的落粮装置,集自动下滑、风选除尘一体,有利于降低谷物破碎率,提高谷物洁净度,并使得设备更加紧凑;6层烘干原件,6米缓苏层,干燥过程模拟自然干燥,保证了谷物的品质,用于烘干种子时,可以保证发芽率;采用自主研发的智能电控柜,可以根据谷物种类选择相应的干燥模式,液晶屏显示,操作更简便,避免误操作;通过电控柜的变频系统,实现了粮食输送的调速功能,全部设计为低速运转,有效降低了谷物的破碎率;水分仪集成到电控柜中,具有温度补证与停止功能;可使用很高的热风温度而不使粮温过高,因此干燥速度快,单位热耗低,热效率较高;烘干谷物品种多,既能烘水稻、小麦,又适合油菜籽类的小颗粒谷物。

2.风干机械

此处以潍坊悍马农业装备有限公司风干粮仓(见图6-15)为例进行介绍。

图4-15　潍坊悍马农业装备有限公司风干粮仓

该机主要性能特点如下：

适用于多种粮食，自然风干，每天水分下降2%～3%，粮食处于休眠状态，会呼吸，特别适宜种子储存，保护原作物无杂质减少真菌和黄曲霉毒素发生，粮食品质得到有效的保护；低能耗，风干成本低，非煤燃气干燥，节能环保；压缩包装，易于安装、拆卸，方便运输和存放，对场地无要求，空地即可，结构简捷，价格便宜，产品规格齐全多样，吨位由几吨到100吨。该产品主要适合农户、种粮大户、粮食经纪人，以及小型粮食加工企业。

第三节　智慧农场管理平台在农业生产托管中的应用

智慧农场管理平台主要是在综合农事服务中心或者家庭农场在农业生产的耕、种、管、收全过程中，为农作物全生命周期提供综合管理服务保障的系统。其功能有：实现对土地、农机等生产要素的全面管理；依托农业装备智能化技术，实现对农机作业质量的精准监控；基于对作物与环境监测大数据的全面掌控，实现对作物种植管理过程精准的指导；结合地理信息技术，实现对作物种植的可视化管理。

一、土地管理

通过高精地图圈地、打点圈地等方式，采集农场地块全面数据信息，结合地理信息技术，实现对农场地块的数字化、可视化管理，为机械自动化作业、精准种植提供大数据基础。

基于遥感数据、精确土壤监测数据，建立管理区域土壤肥力分布数据，根据每个地块的pH值，有机质N、P、K元素含量数据，输出精准土壤肥力处方图。

土壤遥感数据：基于多光谱遥感数据和土壤成分分析算法模型，融合产量监测数据，反演计算氮磷钾等主要土壤肥力成分，提供大范围的土壤数据。

精确土壤监测数据：基于土壤成分快速检测设备，打造流水线式、分钟级批量土壤监测平台，形成区域土壤监测中心，实现对地块级土壤成分的精准监测。

二、农机管理

针对农业机械装备提供全面的信息化管理，包括农机资产管理、农机实时位置分布及状态、农机作业历史轨迹、作业面积及作业效率分析、农机手作业面积实时计算与监控、故障报警、电子围栏、滚筒转速异常报警、售后和一键报修服务等，构建起以农机监管、农机调度为一体的农机管理时空"一张图"，实现以图管机、以图管农、以图决策，提高农机管理服务的实时化、可视化、精准化。

（一）机具自主作业

依托地区土地资源高精地图数据平台，实施大规模自动导航和无人机作业，整体提高机械化作业质量和连续作业能力，减少人力成本。

1. 自动导航作业。针对大田、大地块作业场景，全面推广自动导航作业，实现农机辅助驾驶、直线行走，提高小麦、玉米等作物的机械化作业质量和效率。

2. 无人机植保。依托高精地图和作业路径规划技术，实现无人机自动喷药、施肥作业，提升作业质量和效率。

3. 主要生产环节的无人作业。试点和推广无人机械作业，在耕种管收主要作业环节，基于无人驾驶耕整机械、无人植保机械和无人驾驶收获机械，实现少人化或无人化作业，大幅减少农业生产人力成本。

（二）精准作业

依托农业土壤大数据建立作业处方地图，结合智能化农机具，实现精准变量作业，包括变量播种、变量施肥、变量植保、精确灌溉，有效降低种、肥、药的农资投放量，降低成本、保护环境、提高产量。

1. 变量播种。依据土壤肥力和历史产量数据，建立种肥投放处方地图，动态调节智能播种机具播种密度，提高投入产出比。

2. 变量施肥。在施肥阶段，依据土壤肥力配方地图，动态调节作业机具，实现精细化肥料施用，减少农资浪费并降低环境污染。

3. 变量植保。在植保阶段，依据作物长势监测技术，动态调节喷药机具，实现精细化农药喷洒，避免重喷、漏喷等情况。

4. 精准灌溉。依据土壤墒情和气象数据，自动设定最佳灌溉时间、灌溉水量，联动智能喷灌系统实施自动化喷灌，大幅节省水利资源和人力投入成本，增加农民收入。

（三）农机作业质量监控

通过物联网和农机具传感器技术，实现对农业装备的作业监控，实时掌握作业进度、精确评估作业质量，包括农机实时定位、作业实时轨迹、作业面积统计、播种质量监控、深松深翻质量监测、秸秆覆盖监测等。

1. 耕整地监测。通过安装监控设备，远程监控深松、深翻等作业效果，实现实时作业亩数计算，可以通过手机APP远程查看作业质量、计算作业收益，为作业费用发放提供数据支撑。

2. 播种质量监测。针对条播和精播两种场景，实现播种质量实时监测，包括播种粒数、重播/漏播报警、堵塞报警等，有效防止缺苗断垄情况。

3. 植保作业监测。基于农机作业轨迹数据，结合农机具幅宽数据，精确监控植保作业质量，监测漏喷、重喷等情况。

4. 作业计亩。基于车载高精定位，结合记亩图形算法，实现作业实时记亩功能，精确统计作业面积，方便机手与种植户间的作业结算，高效、便捷、省时省力。

三、种植管理

种植管理的内涵为：基于作物与环境大数据和土地圈定信息，提供田块级土壤肥力、墒情、积温、积雨和气象数据服务，精确指导农场种植作业；基于遥感数据，实时监测作物长势，为植保、收获作业提供决策支持；基于地理信息技术，通过可视化的方式对地块作物种植信息、产量信息、植保情况进行标注和管理，实现以图管农。

智慧农场管理平台可实现的主要功能如下：

1. 土壤墒情大数据。基于多光谱卫星遥感数据和气象积雨数据，采用反演算法模型，建立土壤墒情大数据，为地区灌溉作业提供决策依据。

2. 土壤积温大数据。整合田块级气象数据资源，结合地理信息技术，建立土壤积温分布地图，为农业种植提供指导。

3. 精准气象数据服务。对接国家精准气象数据，实现田块级精准气象预报服务，为农业种植和灌溉提供精确指导。

4. 作物产量大数据。通过农机加装光学、力学传感器，实现自动化产量监测，结合地理信息技术，建立作物产量地图大数据。

四、农机社会化服务保障

整合相关地区农机售后服务网络资源、移动服务车辆和服务人员，建立线上线下融合、动态调配的农机服务保障体系，为农机作业提供维修和配件服务，确保关键作业季种植、收获的顺利进行。

附录一　现金管理及开支审批制度

1. 单位一切现金由出纳员负责管理，其他人员经手的所有收入均应立即交出纳员保管，非出纳员不得管理现金。
2. 严格执行《现金管理暂行条例》，对现金存款分别核算，库存现金限额为5 000元。
3. 严禁白条抵库，坐收坐支，私存挪用。严禁因私借用公款，不准私设"小金库"。因公借款应填写预领（借支）款项凭单，并在当月结清，当月不能结清的，应入账核算。
4. 单位开支实行一支笔审批和集体研究相结合的制度，严禁多头审批，500元以下小额开支由财务主管一支笔审批；500元以上（含500元）的开支由经理人签批后，再由财务主管签字，大额开支（5 000元以上）须报成员大会或成员代表大会讨论决定。财务主管经手的开支须确定与经理人交叉审批。
5. 现金收付必须取得合法的原始凭证和明确的手续，应有经手人、证明人、审批人签字，手续不全的出纳员有权拒付，拒绝入账。
6. 出纳员与会计主管每月结账一次，结账时要填写现金存款结报单，核对银行存款和现金，确保账款相符。

附录二　农业投入品采购制度

1. 种子应向具有种子经营权的单位购买，所选购的种子必须符合有关标准的要求。选择优质、抗病、丰产的品种，杂优技术和杂交一代新品种。

2. 严格按照《农药管理条例》、农药合理使用准则（国家标准）的要求，向具有生产许可证、检验登记证和质量标准"三证"齐全的企业购买，并科学合理使用农药。

3. 肥料必须向具有生产许可证、检验登记证和质量标准"三证"齐全的企业购买，严禁购买未经登记的肥料产品。有机肥料必须经过充分腐熟或无害化处理后使用。采购未实行生产许可证和肥料登记管理的肥料品种，要做到检验登记证和质量标准"两证"齐全。

4. 对其他农用生产物资的采购也应向有"三证"的企业购买，确保质量。

5. 单位必须对采购的农业投入品实行档案管理，登记造册，清楚列明农业投入品的品种、数量、规格、价格、进货渠道等内容。

6. 单位要严格按照采购制度组织农业投入品的采购，对擅自违规采购的要进行相应的处罚。

附录三　作业人员聘任合同（样本）

甲方：
乙方：　　　　　　身份证号：
经协商，在平等互利、保证双方权益的基础上，乙方为甲方提供作业服务，甲方对乙方作业提出标准要求，具体作业服务内容与执行标准如下：

一、服务内容

1. 作业工种

□播种作业机手　按亩：　　元/亩，按天：　　元/天；

□播种作业辅手　按天：　　元/天；

□深松、深翻作业机手　按亩：　　元/亩　按天：　　元/天；

□青贮作业机手　按亩：　　元/吨，按天：　　元/天；

□青贮作业辅手　按天：　　元/天。

2. 机械提供方：

□乙方自带以下农机具，并安装甲方统一的卫星定位检测终端。

序号	机械	品牌	型号	机具1	机具2	机具3	备注

□甲方提供：

□整套相应作业机械；

□拖拉机：　　　；□播种机　　　；□其他：　　　。

3. 甲方指定作业时间与地块，乙方按甲方作业要求开展作业，经甲方验收合格后完成。

4. 作业服务时间：　　年　月　日至　　年　月　日期间。

二、作业服务与质量执行

1. 甲方作业前对乙方作业服务、技术指标进行培训，乙方严格按培训中的各项数据要求开展作业服务。

2. 甲方对乙方作业服务进行监督管理，并对机械与作业能力进行综合考评。

3. 为提高服务质量与作业质量，乙方应执行甲方服务理念，并不断提升技术与服务水平。

4. 乙方使用甲方提供的农机具因个人原因损坏或丢失的，进行赔偿。

三、作业费用的结算

1. 甲方以乙方实际作业天数和亩数（卫星定位数据）为结算依据。

2. 甲方对乙方作业服务建立监督考评制度，对其服务态度、作业质量、作业响应、机具性能等进行量化考核，对85分以上者按100%结算；对60～84分的按80%结算；对60分以下者，不予结算。作业结束后，1个月内结算完成。

  乙方账户：　　　　　　开户银行：

  账　　号：

四、双方的责任和义务

1. 甲方按合同要求在规定时间内为乙方安排作业任务。

2. 甲方应在乙方作业确认后10日内检查作业效果，确认作业质量。

3. 乙方在作业服务前须接受甲方有关培训与指导。

4. 乙方在合同约定时间内应服从甲方的作业安排。

5. 甲方为乙方购买作业期间个人意外保险。乙方自带作业机具必须在年审期限内并且有车辆保险。作业过程中若发生机械、人员安全事故，保险范围外的赔偿金额由乙方或第三方承担责任，甲方不承担相关责任。

6. 作业期间，生活费、交通费、住宿费等全部费用由乙方承担。

7. 乙方需提供机械证件、驾驶证件等有效证件。

8. 乙方应提前做好机械检修工作，保证作业期间工作顺利开展。

9. 在作业期间出现机械故障的，乙方需第一时间自行解决，如延误作业进度，需尽快告知甲方另行安排机械。

五、违约责任

1. 任何一方违约所造成损失的，均由违约方负责相应赔偿。

2. 如乙方作业质量不达标且造成损失的，甲方将追究乙方的赔偿责任。

3. 因天气等不可抗力使得本合同无法履行的，经双方协商同意，可以解除本合同，双方不承担违约责任。

4. 如乙方作业期间故障率过高而影响整体进度的，甲方有权以机械不符合作业要求为由，解除本合同。

5. 乙方因个人原因不愿履行约定作业区域放弃作业的，乙方需赔偿甲方2 000元误工费。

六、争议的解决方式

甲、乙双方发生纠纷，可向当地合同仲裁机构或双方所在地人民法院提出仲裁或诉讼。

本合同一式两份，经双方签字（盖章）后生效，甲方和乙方各执一份，具有同等法律效力。

未尽事宜，甲、乙双方经协调一致可另签补充协议，其法律效力同本合同。

甲方： （盖章） 乙方： （盖章）

负责人签字： 负责人签字：

联系电话： 联系电话：

联系地址： 联系地址：

年　月　日

附录四　农业生产全程托管合作服务协议（样本）

编号：LY×××××

甲方：
乙方：

为全面推进振兴乡村战略，实现农业生产规模化、机械化、集约化，提高土地收益，增加农民收入，本着合作共赢的原则，经甲乙双方友好协商，就农业生产全程托管服务达成如下协议：

（一）甲、乙双方投入

1.甲方投入内容：

（1）托管生产作业服务内容：小麦、玉米全程的耕、种、管、收、售服务。

A.小麦 预计投入300元/亩，包括：

农资：种子、化肥、农药（灭草：麦蒿；灭虫杀菌：粘虫、蚜虫、真菌）。

作业服务：耕地、驱动耙播种施肥一体作业、打药2次（灭草，灭虫杀菌）、镇压、收获、销售。

B.玉米 预计投入280元/亩，包括：

农资：种子、化肥、农药（芽后除草；灭虫：黏虫、真菌）。

作业服务：种肥同播、打药（灭草、灭虫）、收获、销售。

其他投入：根据每年乙方土质、秸秆情况进行种植农艺选项调整（例：还田20元/亩，旋耕25元/亩等）。

备注：①小麦品种、玉米品种、化肥品牌由甲方统一代表乙方采购。②优先安排订单种植。③农艺种植工序按实际地况调整核算。④农资按实际投入量进行结算。

（2）灌溉设备：喷灌（按亩分配数量）或漏管等，视地块情况而定。电费、人工费由甲方垫付（按50元/（亩·次），超出部分按实际支出结算，本季作物收获后双方清算。

（3）进口增产药剂：80元/（亩·年）（2季）。

（4）尿素：35元/亩（仅小麦季）。

（5）作物保险：按实际支出，约23.6元/（亩·季）×2季。

（6）指导服务：聘请农业专家给予病虫害防治建议和作物种植管理指导服务等。

（7）水利修建：甲方按标准修建。

（8）其他费用：托管服务约定外的其他必要费用。

托管作业管理过程中的作业机械设备与维护、运输费、搬运费、专家费等投入不计入本协议经营投入核算。

2.乙方投入内容：

（1）乙方负责整合农民土地_____亩，使之连片成方，水源充足。土地费为：800元/亩/年（土地保底收益）。后附乙方土地平面图及双方现场勘察表。

（2）灌溉服务：灌溉电费 ¥1.0 元/（kW·h）（超出部分乙方负责）。

（3）乙方成立监督管理小组，负责与甲方托管作业服务监督、实施、看管、公示账务等工作。

（二）收益分配与清算

1.托管服务收入项为：政府粮食补贴、销售农作物、保险赔偿、补偿等相关收入。

2.托管服务支出项为：甲方投入中的：（1）~（5）、（7）和（8）；乙方的：（2）项。

3.收益的分配：托管服务土地收入-托管服务土地支出=经营土地收益。

当托管经营土地收益≤土地保底收益时［800元/（亩·年）］，全部收益归乙方及农民所有；未到达约定土地保底部分由甲方向乙方补齐到800元/（亩·年）土地保底收益。

当经营土地收益>土地保底收益时，超出保底收益800元以上的部分，进行分成：30%归甲方所有；70%归乙方所有（其中：村土地股份合作社20%，农户50%）。

4.乙方与甲方的清算：

（1）按季（销售产品回款后10个工作日内）向甲方清算当季所投入的相关费用；

（2）按年度（两季作物收获后）核算土地经营收益，公示账务及收益分成金额，在无异议后10天内发放到双方指定账户。

5.其他约定：如有水利投资，核算当年盈利时，应先从当年分红中扣除，不足部分延续扣除。水利设施为共同所有不受合同有效期影响。

（三）技术服务标准约定

1.托管服务技术指导为甲方的农业专家团队担任。

2.技术指标：以下为农资与作业服务中的技术指标（由甲方按情况进行适当调整）。备注：产量测定以专家团队按测产技术规范执行。

小麦	种子	肥料/亩		耕地	播种	灭草	灭虫	收获
	质量	质量	养分	深度	种子深度	自走式喷药机	无人机	麦粒
作业标准	15斤左右	80斤	总41%左右	25厘米	3～5厘米	雾化好	喷撒均匀	漏粮率低于3%

玉米	种子		肥料/亩		芽后除草	中后期灭虫、灭菌	收获
	数量	质量	养分	自走式喷药机		无人机	玉米棒
作业标准	4 500株左右	80斤控释肥	总养分40%	雾化好		喷撒均匀	漏粮率低于3%

（四）甲方的权利和责任

1. 甲方对托管土地提供的农资质量需达到国家质量标准，保证种子、化肥、农药从正规渠道采购，并具有质量可追溯性记录。

2. 保证足够的作业机械来满足乙方的土地作业托管服务需要。

3. 甲方对乙方土地的经营规划，推广新品种、新模式，新服务，实现农户的增产增收，提供相关信息和技术咨询服务。

4. 维持土地的农业用途，不得用于非农建设；不得弃耕、抛荒土地，不得损坏农田水利等基础设施。

5. 协议签订后不能单方更改土地的种植计划和托管模式。

6. 指定专人与村协商农机作业实施工作。

7. 按协议履行保底约定。

8. 有义务配合乙方的宣传工作。

9. 合同到期最后一年，交地延期至当季农作物收获结束。

（五）乙方的权利和责任

1. 种植前1个月签定托管合作协议，并保证土地经营权在有效期内。

2. 负责托管地块的整合、水利、管道的维护。

3. 成立村管理小组，配合、监督甲方作业的实施。

A.协调并配合甲方作业过程中的所有事宜，例如作业时间、道路、水电管道等。

B.负责协助农资地头使用的清点与作业的实施。

C.负责协助监督农机作业的作业质量。

D.负责托管作物的田间看护以及作物生长过程中有关问题的反馈。

E.负责核算并公开生产托管土地经营收入与支出情况。

4. 负责配合做好甲方生产的相关宣传工作。

（六）托管期限及支付办法。

1. 托管期限：自　　年　　月　起至　　年　　月　止。最后一处交地时间延长至收获结束。

（七）协议的变更和解除

1. 协议签订后，任何一方不得单方面变更或解除。

2. 协议期内如甲乙双方达成一致情况下，可提前变更或解除本合同。

（八）违约责任

以下情况乙方仍需支付甲方生产托管中已产生的相关费用。

1. 因乙方原因造成甲方无法按农时进场服务造成减产损失的。
2. 在约定期内乙方提前收回甲方托管的未收获土地的。

以下情况甲方承担赔偿责任：

1. 甲方未按照协议规定用途托管土地或者改变农业用途、造成土地永久性损害、土地荒芜的；乙方劝阻制止无效后可以依法解除协议，并由甲方承担土地恢复费用，并承担赔偿责任。
2. 其他违法违约行为可依据国家法律、法规和政策规定处理。

以下情况乙方承担赔偿责任：

1. 乙方干涉甲方农资供应、机械作业等管理服务内容，合同解除并承担甲方投入的3倍的赔偿金额。
2. 乙方自行收获甲方种植地块的，合同解除并承担甲方投入的3倍的赔偿金额。
3. 乙方无法协调水电使用情况的，合同解除并承担甲方当季农作物损失部分。
4. 其他违法违约行为可依据国家法律、法规和政策规定处理。

（九）其他事宜

1. 甲乙双方在履行本协议过程中如发生争议，应首先进行友好协商解决，协商不成的，可向当地人民法院提起诉讼。
2. 本协议自双方签字或盖章之日起生效，未尽事宜经协商一致可订立补充协议，补充协议与本协议具有同等法律效力。

本协议一式两份，甲乙双方各执一份。

甲方（签字盖章）：　　　　　　　乙方（签字盖章）：
代表人：　　　　　　　　　　　　代表人：

电话：　　　　　　　　　　　　　电话：

　　　　　　　　　　　　　　　　合同签订日期：　　年　　月　　日
　　　　　　　　　　　　　　　　鉴证机关：

附录五　种子采购合同（样本）

甲方（供货方）：

乙方（收货方）：

根据《中华人民共和国合同法》《中华人民共和国种子法》及有关规定，为明确供需双方的权利义务，经双方协商一致，指定本合同条款，双方共同遵守执行。

一、甲方按照乙方种植要求，向乙方提供农作物种子，种子品种、数量、单价及质量标准要求（质量标准执行中华人民共和国农作物种子质量标准）如下（可附带种子质量测试报告）：

序号	农作物种类	品种名称	规格（株/袋）	质量标准/（%）				质量千克	单价元/袋	品种特性
				纯度（不低于）	净度（不低于）	发芽率（不低于）	水份（不高于）			
1										
2										
3										

二、甲方责任与义务：

1. 甲方保证所有种子通过正规渠道供货；符合上述执行标准中的质量要求。
2. 甲方保证按乙方约定的时间、地点、数量交货。
3. 甲方供货时需附带出货单，乙方盖章签收视为完成供货。
4. 甲方需告知乙方播种使用标准，避免因此带来损失。
5. 除因天气等不可抗力因素产生的灾害外，播种后种子其特性标准符合产品描述特性。

三、乙方责任与义务：

1. 乙方保证甲方按约定时间内供货时按时收货。
2. 乙方在收到货物后及时核对品牌、数量、规格，并对种子进行抽样检查，发现问题，双方当场协商解决。

3.乙方应按甲方提供的作物施肥标准进行种植作业。

四、种子抽样及鉴定：

1.双方在交、接货时同时取样封存样品，以备日后种子复检鉴定。双方派出的交、接货人为双方委托取样人，双方承认其所取样品真实有效，所封存样品为本次交易货物的全部质量品质。

2.如发生种子质量纠纷，鉴定和诉讼由种子种植地县级种子管理部门调解或法院裁决。

3.双方封存样品为唯一复检、鉴定依据，除非双方同意，其他方式鉴定无效。监管、诉讼费用先由提出异议的一方垫付，最终由有过错一方承担。

五、交货数量：

以交、接货时，双方查验核对数量为准。

六、交提货时间、地点、运费承担

甲方按照乙方需求，将所需品种与数量的种子运至乙方所在地，即：××××××××××，运费甲方承担。

七、违约责任：

1.甲方所供种子出现质量指标、品种主要性状不达标准，给乙方造成损失的，应给予乙方播种地块当季作物的实际产量损失进行补偿。

2.甲方未按乙方到货时间要求供应货物，而造成乙方种植时节延误的，甲方需退还乙方所有货款并追加给乙方造成的损失。

八、结算方式和期限：

甲乙双方遵循到货付全款的原则，价格为_____元/袋；共计：_____，大写：_____。

甲方账户：_____ 开户银行：_____

银行账号：_____

九、本合同一式两份，双方各执一份。合同自双方签字之日起生效。合同的补充部分和本合同具有同等的法律效力。

甲方（供货方）：盖章　　　　　　乙方（收货方）：盖章
代表人：　　　　　　　　　　　　代表人：
联系电话：　　　　　　　　　　　联系电话：
　　　　　　　　　　　　　　　　签定日期：

附录六　农民专业合作社税收优惠政策综述

《中华人民共和国农民专业合作社法》第五十二条规定："农民专业合作社享受国家规定的对农业生产、加工、流通、服务和其他涉农经济活动相应的税收优惠。支持农民专业合作社发展的其他税收优惠政策，由国务院规定。"鉴于我国涉农税收优惠政策分散在不同的法规和政策文件之中，为方便农民专业合作社全面掌握相关内容，现按照税种对相关优惠政策综述如下。

一、增值税

增值税是对销售货物或者提供加工、修理修配劳务以及进口货物的单位和个人就其实现的增值额征收的一个税种，也是我国最大的税种。《中华人民共和国增值税暂行条例》规定，一般纳税人的增值税税率为17%和13%，小规模纳税人的税率为3%。

农民专业合作社作为从事销售货物（包括农产品、农资等）的单位，应当依法缴纳增值税，但可享受税收优惠。根据《中华人民共和国增值税暂行条例》、《财政部、国家税务总局关于农民专业合作社有关税收政策的通知》（财税〔2008〕81号）、《国家税务总局关于粕类产品征免增值税问题的通知》（国税函〔2010〕75号）、《财政部、国家税务总局关于免征蔬菜流通环节增值税有关问题的通知》（财税〔2011〕137号），农民专业合作社可以享受以下增值税优惠政策：

（一）销售本社成员生产的农业产品，视同农业生产者销售自产农业产品，免征增值税。（财税〔2008〕81号）

（二）向本社社员销售的农膜、种子、种苗、化肥、农药、农机，免收增值税。（财税〔2008〕81号）

（三）销售饲料，可以享受13%的增值税优惠税率（《中华人民共和国增值税暂行条例》第二条）。除豆粕以外的其他粕类饲料产品，均免征增值税。（国税函〔2010〕75号）

（四）对以批发、零售方式销售的蔬菜免征增值税。蔬菜品种参照《蔬菜主要品种目录》（财政部文件（财税〔2011〕137号）附件规定的目录）。经挑选、清洗、切分、晾晒、包装、脱水、冷藏、冷冻等工序加工的蔬菜，属于免税蔬菜范围。（财税〔2011〕137号）

此外，增值税一般纳税人从农民专业合作社购进的免税农业产品，可按13%的扣除率计算抵扣增值税进项税额。（财税〔2008〕81号）

二、企业所得税

企业所得税是对我国境内的企业和其他取得收入的组织（个人独资企业、合伙企业除外）征收的一个税种。根据《中华人民共和国企业所得税法》规定，企业所得税税率为25%，符合条件的小型微利企业税率为20%，国家重点支持的高新技术企业税率为15%。

根据《财政部对全国人大代表有关建议的答复》（财农便〔2009〕201号）规定，农民专业合作社参照企业所得税法关于一般企业的规定，享受企业所得税减免政策。据此，根据《中华人民共和国企业所得税法实施条例》规定，农民专业合作社可享受的企业所得税优惠政策包括：

（一）从事蔬菜、谷物、薯类、油料、豆类、棉花、麻类、糖料、水果、坚果的种植；农作物新品种的选育；中药材的种植；林木的培育和种植；牲畜、家禽的饲养；林产品的采集；灌溉、农产品的初加工、兽医、农技推广、农机作业和维修等农、林、牧、渔服务业项目，可以免征企业所得税。（《中华人民共和国企业所得税法实施条例》第八十六条）

（二）从事花卉、茶叶以及其他饮料作物和香料作物的种植；海水养殖、内陆养殖，减半征收企业所得税。（《中华人民共和国企业所得税法实施条例》第八十六条）

三、营业税

营业税是对在我国境内提供应税劳务、转让无形资产或销售不动产的单位和个人，就其所取得的营业额征收的一个税种。根据《中华人民共和国营业税暂行条例》规定，营业税税目税率依照《营业税税目税率表》执行，大多数税目的税率为3%、5%两档，娱乐业的税率为5%~20%，具体由省级人民政府在法定幅度内决定。

根据《中华人民共和国营业税暂行条例》第八条规定，从事农业机耕、排灌、病虫害防治、植物保护、农牧保险以及相关技术培训业务、家禽、牲畜、水生动物的配种和疾病防治项目，免征营业税。

四、契税

契税是以所有权发生转移变动的不动产为征税对象，向产权承受人征收的一个税种。根据《中华人民共和国契税暂行条例》规定，契税税率为3%~5%，具体适用税率由省级人民政府在法定幅度内，按照本地区的实际情况决定。

根据《中华人民共和国契税暂行条例细则》（财法字〔1997〕52号）第十五条规定，承包荒山、荒沟、荒丘、荒滩土地使用权，用于农、林、牧、渔业生产的，免征契税。

五、印花税

印花税是以经济活动中签立的各种合同、产权转移书据、营业帐簿、权利许可证照等应税凭证文件为对象的一个税种。根据《中华人民共和国印花税暂行条例》规定，印花税税率依照《印花税税目、税率（税额标准）表》确定，比例税率为0.05‰~1‰，定额税率按件收取每件5元。

根据《财政部、国家税务总局关于农民专业合作社有关税收政策的通知》（财税〔2008〕81号）、《国家税务总局关于对保险公司征收印花税有关问题的通知》（国税地字〔1988〕37号）规定，农民专业合作社可享受的印花税优惠主要包括：

（一）与本社成员签订的农业产品和农业生产资料购销合同，免征印花税。（财税〔2008〕81号）

（二）农林作物、牧业畜类保险合同，免征印花税。（国税地字〔1988〕37号）

六、耕地占用税

耕地占用税是对占用耕地建房或者从事其他非农建设为征收对象的一个税种，属于一次性税收。根据《中华人民共和国耕地占用税暂行条例》规定，耕地占用税以纳税人占用耕地的面积为计税依据，按照规定的适用税额一次性征收。税额按照人均耕地面积和经济发展情况确定，5~50元/平方米。

根据《中华人民共和国耕地占用税暂行条例》、《财政部、国家税务总局关于耕地占用税平均税额和纳税义务发生时间问题的通知》（财税〔2007〕176号），农民专业合作社可享受以下税收优惠：

（一）建设直接为农业生产服务的生产设施占用的农用地（林地、牧草地、农田水利设施用地、养殖水面以及渔业水域滩涂等），不征收耕地占用税。（《耕地占用税暂行条例》第十四条）

（二）占用林地、牧草地、农田水利用地、养殖水面以及渔业水域滩涂等其他农用地的适用税额，可适当低于占用耕地的适用税额。（财税〔2007〕176号）

七、城镇土地使用税

城镇土地使用税是以开征范围的土地为征税对象，对拥有土地使用权的单位和个人征收的一个税种。根据《中华人民共和国城镇土地使用税暂行条例》规定，城镇土地使用税税额为0.9~30元/平方米，具体税额由地方政府根据市政建设情况、经济繁荣程度等条件确定。

根据《中华人民共和国城镇土地使用税暂行条例》第六条规定，直接用于农、林、牧、渔业的生产用地免征城镇土地使用税，财政部另行规定的免税水利设施等用地，免征城镇土地使用税。

八、房产税

房产税是以房屋为征税对象，向产权所有人征收的一个税种。根据《中华人民共和国房产税暂行条例》规定，房产税依照房产余值计算缴纳的，税率为1.2%；依照房产租金收入计算缴纳的，税率为12%。

根据《国家税务总局关于调整房产税和土地使用税具体征税范围解释规定的通知》

（国税发〔1999〕44号）规定，农林牧渔业用地和农民居住用房屋及土地，不征收房产税。

九、车船税

车船税是对在我国境内车辆、船舶，按照规定的计税依据和年税额标准计算征收的一个税种。根据《中华人民共和国车船税法》规定，车船的税额依照《车船税税目税额表》执行。车辆具体税额由省级人民政府依照法定幅度和国务院规定确定。船舶具体税额由国务院在法定税额幅度内确定。

根据《中华人民共和国车船税法》第三条规定，捕捞、养殖渔船免征车船税；农村居民拥有并主要在农村地区使用的摩托车、三轮汽车和低速载货汽车，定期减征或者免征车船税。

十、车辆购置税

车辆购置税是对在我国境内购置应税车辆的单位和个人征收的一个税种。根据《中华人民共和国车辆购置税暂行条例》规定，车辆购置税税率为10%。

根据《财政部、国家税务总局关于农用三轮车免征车辆购置税的通知》（财税〔2004〕66号）规定，农用三轮车免征车辆购置税。

附录七　烘干机（塔）房建设工作指引（试行）

为指导各地做好烘干机（塔）房建设工作，科学规划布局、合理利用土地、优配设施装备、提升管护水平，加快推进粮食等主要农作物生产产后干燥机械化，制定工作指引如下。

一、建设目标

发挥农村集体经济组织、农业企业、农民专业合作社等主体作用，推动烘干机械化有序健康发展，提升主要粮食作物生产全程机械化水平，促进粮食减损提质、农业增产增效和农民增收。

二、建设原则

——因地制宜，规划引领。加强整体规划，科学合理布局烘干机（塔）房的服务能力和辐射范围，避免扎堆重复建设。一般情况，东北地区每个粮食烘干机（塔）房年服务能力宜在5万吨以上，黄淮海、华北主产区宜在3万吨以上，南方稻谷主产区及其他地区宜在1万吨以上。

——绿色节能，安全可靠。坚持绿色发展，选用先进高效、节能环保、低耗安全的设备，建设和使用过程中的噪声、震动、粉尘、烟气等应符合环保要求。

——经济高效，系统完善。合理设计整体结构并配置相应设施设备，确保清理、烘干系统等主要功能高效运行。设备配置既要符合实际业务发展需求，又要兼顾当地散粮运输工具及方式特点，统筹做好配套设备、设施、道路等建设。

三、建设规模和功能分区

（一）烘干机（塔）房按烘干设备技术类型分为循环式和连续式两类，前者以循环式烘干机（需围护结构）为核心设备，主要应用在南方水稻、小麦产区，以水稻为主；后者以连续式烘干塔（不需围护结构）为核心设备，主要应用在北方玉米、水稻产区，以玉米为主。可按日处理量或批处理量规模划分为小型、中型和大型。具体见表1和表2。

表1　循环式烘干机（塔）房规模划分指标

指标要求	规模		
	小型	中型	大型
批处理量/吨	≤60	60～120	>120
辐射作物面积/亩	≤2 400	2 400～7 000	>7 000

表2　连续式烘干机（塔）房规模划分指标

指标要求	规模		
	小型	中型	大型
日处理量/吨	≤300	300～600	>600
辐射作物面积/亩	≤3 000	3 000～8 000	>8 000

（二）烘干机（塔）房按功能一般可分为烘前处理区、烘干作业区和烘后暂存区。烘前处理区包括地磅、露天晒场、原粮处理运输区等；烘干作业区包括循环式烘干机房或连续式烘干塔主体，以及变配电房、热力间、燃料库、工具房、除尘间（循环式）等生产服务用房；烘后暂存区包括存放库房等。

（三）各规模烘干机（塔）房建筑物面积可参考表3和表4。

表3　循环式烘干机（塔）房功能区建筑物面积

单位：平方米

规模	总占地面积	总建筑面积	烘干作业区建筑面积	烘后暂存区建筑面积
小型	≤1 230	≤450	≤270	≤180
中型	1 230～1 930	450～1 010	270～650	180～360
大型	>1 930	>1 010	>650	>360

表4　连续式烘干机（塔）房功能区建筑物面积

单位：平方米

规模	总占地面积	总建筑面积	烘干作业区建筑面积	烘后暂存区建筑面积
小型	≤1 620	≤790	≤190	≤600
中型	1 620～4 460	790～2 280	190～280	600～2 000
大型	>4 460	>2 280	>280	>2 000

四、用地与选址

（一）遵照当地土地利用规划和城乡总体规划选择建设用地或农用地，选择农用地建设的应按照设施农业用地管理。

（二）烘干需求相对集中，具备较好的交通、给排水、供电、供气、通信等公用基础设施，充分利用现有资源条件。

（三）选址应远离居民区，并处于居民区及公共建筑的下风向，宜选择在地势较高处，具有良好的工程和水文地质条件，远离易燃易爆场所和污染源。

（四）优先考虑粮食商品量高、规模化种植程度高但收储烘干清理等产后服务能力相对不足的区域，做好烘干资源与优势粮食种植区域的衔接。

五、建筑安装工程

（一）烘干机（塔）房建筑物宜采用单层钢柱排架结构、轻钢屋架、夹心彩钢板墙面，台风及雨水较多地区可采用混凝土框架结构。循环式烘干机房进深宜为18米（单台设备日处理量≤15吨的可为15米），排架柱距宜为6米，层高与烘干设备高度差不小于1.5米，进出口高度及宽度不小于4.0米。生产服务用房进深宜为8米，排架柱距宜为6米，净高不低于4.2米，进出口高度及宽度不小于3.6米。存放库房进深宜为21米，排架柱距宜为6米，净高不低于6.8米，进出口高度及宽度不小于4.0米，宜采用加强钢板网夹心彩钢板墙面（有条件时可采用370毫米厚度砖墙体），距室内地面约5.2米处宜设置可开启透气窗。各规模烘干机塔（房）建设可参考（详见农业农村部网站）。

（二）循环式烘干机（塔）房室外场地宜采用150毫米C25混凝土地面，烘干机房室内地面按设备要求设置。连续式烘干机（塔）房室外场地宜采用180毫米C25混凝土地面。

（三）烘干机（塔）房应有可靠的供水源和完善的供水设施。雨污水宜采用暗管单独排放，污水排放应符合环保要求。

（四）烘干机（塔）房用电负荷宜为三级负荷，用电电压为380V/220V，电线和电缆宜采用铜芯绝缘线。

（五）烘干机（塔）房建筑物应委托有相应资质的单位设计，验收应符合当地主管部门要求。

六、设备配置

（一）烘干机（塔）房设备配置主要包括烘干、供热、输送、清理、暂存和计量等设备。此外，还应包括除尘、脱硫和电控系统等附属设施。

（二）供热设备主要包括热源、风机等（采用燃煤型烘干机热力炉的应加装消烟器）；输送设备主要包括皮带输送机、斗式提升机、刮板输送机等；清理设备主要包括清理筛等；暂存设备主要包括烘前仓等。

（三）烘干机（塔）房设备配置要严格遵循有关环保要求，鼓励配置具有智能控制和物联网功能的先进设备，实现设备的自动化运行、数字化管控。

各规模烘干机（塔）房设备配置参考建议（详农业农村部网站）。

七、投资估算

烘干机（塔）房建设投资估算参见表5和表6。

表5 循环式烘干机(塔)房建设投资估算

单位：万元

规模	总投资	建筑安装工程	室外场地及附属设施工程
小型	≤108	≤85	≤23
中型	108～433	85～400	23～33
大型	>433	>400	>33

表6 连续式烘干机(塔)房建设投资估算

单位：万元

规模	总投资	建筑安装工程	室外场地及附属设施工程
小型	≤150	≤120	≤30
中型	150～396	120～330	30～66
大型	>396	>330	>66

注：在台风及雨水较多地区烘干机(塔)房建筑安装工程投资估算宜增加30%。

八、运行维护

烘干机塔（房）建成投入使用后，应指导建设主体做好运行和维护等管理工作，重点包括：

（一）机务管理。制订设备操作规程、安全管理规范、设备维护保养记录以及收费标准等各项管理制度。

（二）安全管理。建立健全安全生产制度，落实安全职责和措施，开展安全生产宣传教育培训，定期进行安全检查。

（三）财务管理。建立相应的财务管理制度，账目健全完善，日常生产经营活动记载规范准确，核算真实有效。

（四）人员管理。定期进行专业技能培训，确保会操作使用、会维护保养、会故障排除，提高设备稳定、人员安全。

九、保障措施

（一）强化组织领导。把烘干机（塔）房建设作为推进农机社会化服务的重要内容，列入重要议事日程，制定建设规划，统筹指导协调，强化宣传培训，及时解决建设过程中遇到的实际困难和问题。

（二）加大扶持力度。加强与财政、自然资源、粮食、金融保险等相关部门和单位的协调，统筹制定优惠补贴措施，提升烘干设备购置、设施建设补贴和作业补助力度，落实信贷担保、财政贴息、设施农业用地等有关政策。

（三）加强建设监管。加强与有关部门的配合，做好建设、环保、安全等方面的监管。按照谁建设、谁受益、谁监管的原则，明确建后运行监管主体、监管责任和监管义务，落实后期监管措施。开展建后评估，强化评估结果运用。

附录八　农机具库棚建设工作指引（试行）

为指导各地做好农机具库棚建设工作，科学规划布局、合理利用土地、适配作业机具、提升管护水平，切实解决农机具"存放难""保养难"等农业机械化发展中的现实问题，制定工作指引如下。

一、建设目标

发挥农机服务组织、农业企业等主体作用，推进农机具库棚设施规范建设，合理保障农机具存放保养需要，提高农机具寿命和使用效益，增强农机社会化服务能力和安全作业能力。

二、建设规模和功能

根据本地区农业机械化发展规划、农机保有量情况及作业市场需求，综合考虑建设条件、技术与经济等因素，合理确定农机服务能力和农机具库棚的建设规模。一般情况，东北地区每个农机具库棚的农机作业服务能力宜在5 000亩以上，西北地区、黄淮海地区、华北主产区的宜不低于1 000亩，南方稻谷主产区、西南地区及其他地区的宜不低于500亩，各地可根据具体实际参照调整。

农机具库棚建设规模按作业服务面积和农机具存放数量划分为小型、中型和大型，具体见表1。农机具库棚包括存放区、维修间、零配件库等，各规模库棚建筑面积可参考表2。

表1　农机具库棚建设规模划分指标

指标要求	规模		
	小型	中型	大型
作业服务作物面积/亩	500～1 000	1 001～5 000	5 001～20 000
农机具存放数量/台	15～23	11～41	41～116

注：不含飞防植保作业面积。

表2　农机具库棚建筑面积

单位：平方米

规模	总占地面积	总建筑面积
小型	1 100～1 600	288～360
中型	1 600～3 700	360～1 134
大型	3 700～10 000	1 134～3 150

注：表中数据为单类农作物农机具库棚建筑面积参考指标。如以轮作方式种植两种农作物时，本表面积可放大15%。

根据农作物生产全程机械化作业需要，库棚存放的农机具包括耕整地机械、种植施肥机械、田间管理机械、收获机械、废弃物处理机械、动力机械及农用搬运机械等。各规模库棚的农机具配置可参考（详见农业农村部网站）。

三、用地与选址

（一）遵照当地土地利用规划和城乡总体规划选择建设用地或农用地，选择农用地建设的应按照设施农业用地管理。

（二）农作物种植相对集中，具备较好的交通、给排水、供电、油料供应等公用基础条件。

（三）选择在地势较高处，具有良好的工程和水文地质条件，与用户距离适中，与居民居住场所保持一定距离。

四、建筑安装工程及附属设施

（一）农机具库棚建筑物宜采用单层钢柱排架结构，轻钢屋架，夹心彩钢板墙面（有条件时砖墙抬高900毫米），台风及雨水较多地区宜采用混凝土框架结构。小型机库棚进深宜为12米，大中型宜为21米，排架柱距宜为6米，建筑物檐口高度不小于4.5米，进出口高度不小于4.0米、宽度按最大农机具宽增加不小于1米。若有特大型农机具宜按存放要求单独设库。各规模农机具库棚建设可参考（详农业农村部网站）。

（二）农机具库棚室内外场地宜采用塘渣（素土）压实，150毫米C20混凝土浇筑地面。

（三）农机具库棚应有可靠的供水源和完善的供水设施。农机具库棚内雨污水宜采用暗管单独排放，污水排放应符合当地主管部门要求。

（四）农机具库棚用电负荷宜为三级负荷，用电电压为380V/220V，电线和电缆宜采用铜芯绝缘线。

（五）农机具库棚建筑物应委托有相应资质的单位设计，验收应符合当地主管部门要求。

五、投资估算

农机具库棚建设投资估算参见表3。

表3 农机具库棚建设投资估算

单位：万元

规模	总投资	建筑安装工程	室外场地附属设施工程
小型	62～90	42～60	20～30
中型	90～252	60～192	30～60
大型	252～670	192～490	60～180

注：在台风及雨水较多地区农机具库棚建筑安装工程投资估算宜增加30%。

六、运行维护

机具库棚建成投入使用后，应指导建设主体做好运行和维护等管理工作，重点包括：

（一）机务管理。制订农机具出入库流程、作业规程、维护保养记录等管理制度。做好农机具使用前的检修，动力机械做到四不漏（油、水、气、电）、配套机具达到三灵活（操作、转动、升降）。使用后长期停放的农机具，应清洁保养后入库并排列整齐。

（二）安全管理。建立健全农机安全生产制度，落实安全职责和措施，开展农机安全生产宣传教育和培训，定期进行农机安全检查，防止和避免责任事故。

七、保障措施

（一）强化组织领导。把农机具库棚建设作为提升农机社会化服务水平的重要内容，列入重要议事日程，强化统筹规划，加强指导协调，强化宣传培训，及时解决建设过程中遇到的实际困难和问题。

（二）加大扶持力度。加强与财政、发展改革、自然资源、金融保险等相关部门和单位的协调，争取将扶持农机具库棚建设投入纳入地方农业基本建设项目计划和财政预算，建立稳定投入机制，落实信贷担保、财政贴息、设施农业用地等有关政策。

（三）加强建设监管。加强与有关部门的配合，做好建设安全等方面的监管。按照谁建设、谁受益、谁监管的原则，明确建后运行监管主体、监管责任和监管义务，落实后期监管措施。

附录九 自然资源部、农业农村部关于设施农业用地管理有关问题的通知

各省、自治区、直辖市自然资源主管部门、农业农村（农牧、农垦）主管部门，新疆生产建设兵团自然资源主管部门、农业农村主管部门：

随着农业现代化水平不断提升，农业生产日益增多，用地面临新的情况和需求。为改进用地管理，建立长效机制，促进现代农业健康发展，现通知如下：

一、设施农业用地包括农业生产中直接用于作物种植和畜禽水产养殖的设施用地。其中，作物种植设施用地包括作物生产和为生产服务的看护房、农资农机具存放场所等，以及与生产直接关联的烘干晾晒、分拣包装、保鲜存储等设施用地；畜禽水产养殖设施用地包括养殖生产及直接关联的粪污处置、检验检疫等设施用地，不包括屠宰和肉类加工场所用地等。

二、设施农业属于农业内部结构调整，可以使用一般耕地，不需落实占补平衡。种植设施不破坏耕地耕作层的，可以使用永久基本农田，不需补划；破坏耕地耕作层，但由于位置关系难以避让永久基本农田的，允许使用永久基本农田但必须补划。养殖设施原则上不得使用永久基本农田，涉及少量永久基本农田确实难以避让的，允许使用但必须补划。

设施农业用地不再使用的，必须恢复原用途。设施农业用地被非农建设占用的，应依法办理建设用地审批手续，原地类为耕地的，应落实占补平衡。

三、各类设施农业用地规模由各省（区、市）自然资源主管部门会同农业农村主管部门根据生产规模和建设标准合理确定。其中，看护房执行"大棚房"问题专项清理整治整改标准，养殖设施允许建设多层建筑。

四、市、县自然资源主管部门会同农业农村主管部门负责设施农业用地日常管理。国家、省级自然资源主管部门和农业农村主管部门负责通过各种技术手段进行设施农业用地监管。设施农业用地由农村集体经济组织或经营者向乡镇政府备案，乡镇政府定期汇总情况后汇交至县级自然资源主管部门。涉及补划永久基本农田的，须经县级自然资源主管部门同意后方可动工建设。

各省（区、市）自然资源主管部门会同农业农村主管部门制定具体实施办法，并报自然资源部备案。《国土资源部 农业部关于进一步支持设施农业健康发展的通知》（国土资发〔2014〕127号）已到期，自动废止。

本通知有效期为5年。

自然资源部　农业农村部

2019年12月17日

主要参考文献

[1] 张云华.读懂中国农业[M].上海：远东出版社，2015.

[2] 刘玉军，杨鹏，李谨，等.家庭农场经营管理[M].北京：中国农业科学出版社，2018.

[3] 冯云武，周庆华，吴学金，等.农机股份合作制探讨与实践[M].济南：山东大学出版社，1998.

[4] 山东省农机局.基层农业机械管理[M].济南：山东科学技术出版社，1990.

[5] 冯云武，吴学金，罗士刚，等.农机化项目管理[M].天津：天津人民出版社，1998.

[6] 国彩同，李安宁.农机专业合作社经理人[M].北京：中国农业科学技术出版社，2010.

[7] 黄鹤群.全程托管：破解谁来种地难题[J].现代经济探讨，2016（1）：69-73.

[8] 满毅，李建友，张军，等.高密宏基农机合作社"大田托管"生产经营模式的调查与思考[J]当代农机，2019（2）：53-56.